まえがき

　2000年は，20世紀の最終年でもあり，新しいミレニアムの初年でもあるという千年に一度巡ってくるまれな年である．このような滅多に巡り会うことのない2000年に本シリーズの第1巻である本書を世に問うことができるのはまたとない幸せである．本書が刊行される頃は，20世紀は残すところわずかになり，21世紀の始まりは眼前に迫っていることであろう．このような記念すべき世紀の移行期に当たり，本書を含めた本シリーズは，英語学・言語学における20世紀の主要な知見に基づき，来たる21世紀の研究への展望を与え，言語研究をさらに一層活性化することを目指して企画された．

　この「まえがき」は，本書のまえがきであると同時に，本シリーズ全体を視野においたまえがきとしての性格を合わせもっている．本シリーズは，『英文法シリーズ』，『現代英文法講座』，『現代の英文法』に続く英語学および言語学研究の最新シリーズである．主として20世紀後半の言語研究の成果に基づき，これまでの研究で明らかにされた数々の知見を基盤とし，新しい事実の発見，事実の新しい分析，理論的貢献の3点をバランスよく取り入れ，きらりと光る知見を含むものとし，しかも，長期にわたって利用できるよう心がけた．20世紀から21世紀への橋渡しとしての役割も担っている．

　本シリーズは，言語研究の5領域，つまり，音韻論・形態論・統語論・意味論・語用論を網羅し，理論的には，生成文法理論と認知文法理論の両方の展望も得られるよう心がけた．本シリーズは，言語の各分野の仕組みを論じた総論としての本書と，現時点において興味あるトピックの主要なものを精選して取り込んだ20巻とからなる．総論の巻は，予備知識がなくても理解できるように平易な記述を心がけ，英語学概論のテキストとし

ても活用できるようになっている．これらを合わせた計21巻の本シリーズは，奇しくも21世紀の始まりと軌を一にしている．

　本シリーズの入門書としての本書をはじめとして，各巻は，長すぎもしなければ短すぎもしない手頃な研究書として編集することを心がけた．身近において絶えずひもとくなら，視界が豁然と開け，新たな着想に至ることもしばしば経験することになるであろう．言語研究の最前線に読者を誘いながら，平明な記述で読みやすさを追求しており，研究の新たなあり方が目前に展開されるようになっているからである．各トピックの最前線を体験し，自ら新たな問題を見つけ，新しい地平を切り開く喜びを実体験していただきたい．

　本書は，多くの読者に言語研究に興味をもってもらえるように，また，言語研究の基本的な考え方と概念が自然に身につくように工夫がなされている．本シリーズの編者が手分けして，言語研究の各分野の中心的課題をかみ砕いて概観し，明確な展望が得られるように心がけた．本書の構成と各部の担当者は，次の通りである．

　　　序　章　（本書の導入部）　　　　　　（原口庄輔）
　　　第1部　音声と語の仕組み　　　　　　（原口庄輔）
　　　　　　　音韻論と形態論とインターフェイスの概観
　　　第2部　文の仕組み　　　　　　　　　（中島平三）
　　　　　　　文法と統語論の基礎を簡明に論じたもの
　　　第3部　意味の仕組み　　　　　　　　（中村　捷）
　　　　　　　意味論の主要な概念を過不足なく概観
　　　第4部　ことばと認知の仕組み　　　　（河上誓作）
　　　　　　　認知文法の基礎的な考え方を概観し，生成文法との考
　　　　　　　え方の違いをもわかりやすく論じたもの
　　　結　論　言語研究の展望　　　　　　　（原口庄輔）

　このような構成からうかがえるように，本書はことばの研究のさまざまな分野の概観がバランスよく得られるようになっており，従来の類書とは

趣を異にしている．理論のテクニカルな細部にとらわれたり深入りすることなく，理論の基本的な考え方が自然に身につくよう配慮したつもりである．各部の詳細については，目次を参照していただきたい．なお，各部は，担当者の文体と論の進め方の個性を多少反映しており，その違いを統一することは，意識的に避けた．個性を尊重する方が，それぞれの味が引き立ち，趣が増すことに加えて，各部はある意味で独立しているからである．それぞれの担当者の個性の発露を楽しんでいただければ幸いである．

　本書の利用に当たっては，各部をはじめから通して読むことはもちろん，どこから読み始めてもよいし，目次や索引から興味のあるところを拾い読みしてもよい．すべては，読者の好みと必要性に任されている．なお，トピックを精選したこともあり，読者によっては当然触れるべきであるのに落ちていると感じられる部分もあるかも知れないが，ご容赦いただきたい．また，大方のご教示をいただければ幸いである．

　最後に付け加えるなら，本シリーズは，時代の移り変わりをしかるべく反映して，若い新鮮な人材の発掘および登用による次世代の新たな研究リーダーの育成にもつながることを願い，その育成を視野に入れたものである．あわせて，言語研究がさらに一層盛んになり，進展することを願っている．若手の研究者の質の高まりと，量的拡大を期待しつつ．

2000 年 10 月 20 日

編著者一同

目　　次

まえがき　iii

序　　章　1

第 1 部　音声と語の仕組み　9

  0. はじめに ────────────────── 9
      0.1　英語の音声体系と音韻体系　10
      0.2　英語の音節構造　12
  1. 英語らしさの仕組み ────────────── 13
      1.1　英語らしさと分節音 [ŋ]　13
      1.2　英語らしさと分節音 [h]　15
      1.3　英語らしさとあいまい母音 [ə]　17
      1.4　英語らしさと子音結合　17
      1.5　英語らしさと音節構造　19
      1.6　英語が日本人に難しいのは　20
      1.7　最小対立　22
  2. アクセントとリズムの仕組み ─────────── 23
      2.1　アクセントの類型論　23
      2.2　英語の強勢　25
      2.3　英語の強勢と日本語のアクセント　28
      2.4　複合語の強勢　30
      2.5　英語のリズムの仕組み　34

3. 音調とイントネーション ——————————————————— 39
　3.1　英語のイントネーション　39
　3.2　イントネーションと意味　43
　3.3　声調と高低アクセント　45
　3.4　意味と関わらないイントネーション　47
4. 語形成の仕組み ——————————————————————— 48
　4.1　レキシコンの情報　48
　4.2　語形成のシステム　52
　4.3　複合語のシステム　54
　4.4　動詞由来の複合語　55
　4.5　複合語の語順を決定する原理　56
5. 音声と語のインターフェイスの仕組み ———————————— 57
　5.1　音声象徴　57
　5.2　文法の仕組みとインターフェイス　58
　5.3　音声と意味のインターフェイス　60
6. おわりに ——————————————————————————— 61

第2部　文の仕組み　　63

1. ことばの特徴 ———————————————————————— 63
2. 句の構造 —————————————————————————— 63
　2.1　動詞句　64
　2.2　形容詞句，名詞句，前置詞句　65
　2.3　Xによる一般化　67
　2.4　項構造　68
3. 文の構造 —————————————————————————— 69
　3.1　述部の構造　69
　3.2　補文　72

4. 主語と目的語 ———————————————————— 74
　4.1 主語の源　74
　4.2 VP重囲　77
　4.3 主語の繰り上げ　79
　4.4 目的語の繰り上げ　80
5. 名詞句移動 —————————————————————— 83
　5.1 主語への繰り上げ構文　83
　5.2 目的語への繰り上げ構文　84
　5.3 受動文　86
　5.4 存在文　88
6. 主要部移動 —————————————————————— 90
7. WH移動 ———————————————————————— 92
8. 右方移動 ——————————————————————— 95
9. まとめ ———————————————————————— 98
10. 生成文法と認知 ——————————————————— 100
　10.1 生成文法と認知言語学　100
　10.2 ことばのモジュール　100
　10.3 ことばの習得　104
　10.4 統語と意味　106
　10.5 今後の展望　109

第3部　意味の仕組み　　　　　　　　　　　　　111

0. はじめに ——————————————————————— 111
1. 意味論の始まり ———————————————————— 112
　1.1 Gruberの意味論　112
　1.2 意味の姿　114
　1.3 生成意味論の現代的意味　121

2. 意味の基本構造 —————————————— 121
2.1 アスペクトによる動詞の分類　121
2.2 完　了　性　124
2.3 語彙意味構造の基本形　127
2.4 非対格動詞　129

3. 動的意味論 ————————————————— 132
3.1 意　味　合　成　132
3.2 A car screamed to a stop at the kerb.　134
3.3 John shouldered his way through the crowd.　136
3.4 John jumped to his feet.　137
3.5 結　果　構　文　138
3.6 意味の余剰規則　141

4. 論　理　形　式 ————————————————— 144
4.1 論理形式とは何か　144
4.2 数量詞の作用域　146
4.3 WH 疑問文の解釈　148
4.4 束縛代名詞　150
4.5 先行詞を含む削除　151

5. 論理形式と意味のインターフェイス ——————— 153
5.1 定名詞句と不定名詞句　153
5.2 不定名詞句と特定性　153
5.3 裸複数名詞句と写像仮説　158
5.4 特定性と述語の種類　161

6. お　わ　り　に ————————————————— 163

第4部　ことばと認知の仕組み　165
はじめに —————————————————————— 165

1. Langacker の認知文法 ———————————————— 167
   1.1 用法基盤モデル　167
   1.2 認知文法の方法論　172
2. 認知言語学の基本概念 ———————————————— 176
   2.1 知覚に関わる理論　177
   2.2 知識構造　182
   2.3 連想と言語　183
   2.4 カテゴリー論　189
3. 基本的文法関係 ———————————————— 194
   3.1 事態認知モデルと主語・目的語の選択　194
   3.2 他動性と主語・目的語のプロトタイプ　197
   3.3 他動性と主語・目的語のスキーマ　198
   3.4 セッティング主語構文の文法関係　199
4. 参照点が関わる文法現象 ———————————————— 200
   4.1 参照点による文法現象　201
   4.2 参照点の動的側面　203
   4.3 全体と部分の関係　204
   4.4 入れ子型場所構文　205
   4.5 自然経路と焦点連鎖　207
5. 繰り上げ構文 ———————————————— 208
   5.1 繰り上げ構文の特徴　208
   5.2 繰り上げ述語の多義性　209
   5.3 繰り上げ文と参照点　211
   おわりに ———————————————— 214

結論　言語研究の展望　　　215

参照文献 217
索　　引 221

序　章

0.1　ことばの偉大さ

　ことばは無限の力をもっている．われわれの頭の中にあることばの仕組みを文法と言うが，文法の中には，たとえば，文 (S) と文 (S) を結びつけて文 (S) を生みだす (1) のような仕組みがある．

　（1）　　S + S = S

この仕組みがあるだけで，われわれは無限に長い文を生みだそうと思えば，生みだすことが可能になる．また，文法の中には，語 (W(ord)) と語 (W) を結びつけて語 (W) を生みだす (2) のような仕組みもある．

　（2）　　W + W = W

この仕組みがあれば，無限に長い語を生みだそうと思えば，生みだすことが可能になる．無限に長い文や語を生みだすことに，普通は意味を見いだせないので，誰もそのような試みをする人はない．しかし，人間はことばのこのような仕組みをもっていることから，無限の能力を有していると言うことができる．

　視点を変えて言えば，人間はこのような言語に関わる無限の能力を獲得していること，また，命ある限り人は皆そのような無限の能力を有しているがゆえに，人間としての尊厳をもつ存在であると言うことができる．

　さらに，人は言語をもつことによって，超能力者もびっくりするような能力をもつに至っている．病気を治す能力やテレパシーの能力など，いわ

ゆる超能力はそれ自体は素晴らしい．しかし，それらは一定の時間空間に限られている．これに対して，言語を使い伝達する能力は，時間空間の制約を超えることを可能にするのである．たとえば，われわれはことばの記録があれば，何千年も前の人がどのようなことを考えていたかを知ることができる．何億光年も離れた宇宙に，何とかという島宇宙があるというような，気の遠くなるような情報を何の苦もなくことばによって伝え合い，その情報を共有しているのである．もっと驚くべきことは，宇宙の始まりはビッグバンであるというようなことすら認識し，理解している．

　ことばはあることだけでなく，ないことについても表すことができ，伝え合うことができる．したがって，嘘をつくこともできるし，未来のことを論ずることも伝え合うこともできる．しかも，ことばによって人を生かすこともできるし，殺すこともできる．自分なりのよいことばによって，自分の人生を切り開き，人生をよりよいものにすることもできる．ことばによって他人も自分も教育することもできる．さらに恐れ多くも，全知全能の神の存在を論ずることすら可能なのである．まさに，ことばによってできないことはないと言ってもよいくらい，ことばの力は偉大である．

　人間は，このような偉大な能力を与えられ，短期間のうちに文明を発達させてきたのである．人間は，このような無限の能力をもった結果，それなしには生きていけなくすらなっている．それが証拠に，人類がある日突然ことばを理解し使う能力が失われたと想定してみよう．人類は，ほどなく滅亡するほかはないであろう．ことばなしには，われわれの気持ちをほかの人に伝えることはできなくなり，営々と築きあげてきた知識やシステムは，利用困難になり，ほどなく利用不可能になってしまうであろう．そうなれば，極度に原始的な生活を細々と営むか，絶滅するかしかなくなるであろう．

　われわれの環境もシステムも，われわれの存在そのものすらも，ことばなしには意味をなさなくなるであろう．ことばが，人類という種に固有のものであることが，如何にありがたいことか，如何に大切な宝であるかが理解できるであろう．

　そのように貴重なことばの仕組みを研究し，その仕組みをよりよく理解

することは，人間性のよりよき理解に直結している．しかも，その仕組みをよりよく理解し，ことばを大切にし，ことばを磨き，ことばをよりよく活用する基盤を確立することは，人間社会を豊かにし，平和を謳歌し，よりいっそうの繁栄をもたらすために，極めて有益であり，欠かすことができない重大事である．

0.2　ことばの仕組み

このように偉大な力を有していることばは，極めて精巧にできているが，その仕組みはある意味で簡単である．ことばは，次の (3) に示すように，第一義的には，音声と意味が通常は形 (形式) を仲立ちにして結びついたシステムである．音声象徴 (sound symbolism) などのように音声と意味が直接結びついている面もないわけではないが，通例は，形式を仲立ちにして結びついている．

（3）

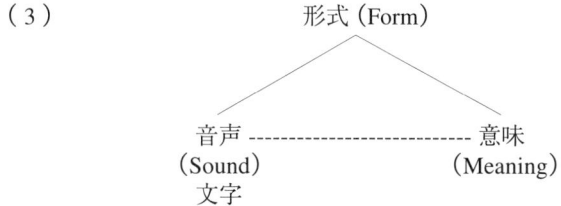

ことばの重要なところは，音声に加えて，文字によって記録を残し，広くいろいろな人に情報を伝えることができることである．したがって，文字言語の性質も重要な研究対象である．しかし，人間の言語能力を研究する際には，人間の脳の中にある音声言語のシステムにまず焦点を当てるのが，当を得ており，これまで取られてきた常套手段である．ここでもそれに従うが，そのことは，文字言語の重要性をないがしろにするということを意味するものでは決してない．

上で見たことばの仕組みのそれぞれに対応する性質を研究する分野は，次の (4) のようになっている．

(4)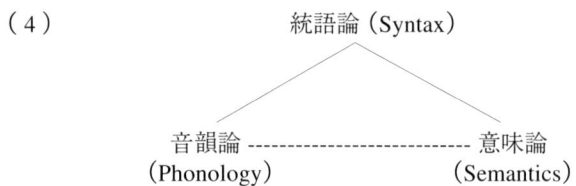

　音韻論は，音声の仕組みがどのようになっているかを明らかにする分野であり，音声学（Phonetics）との関係がどのようになっているかも，研究の対象としている．統語論は，音声と意味とがどのような形式的特徴を介在して結びついているかを明らかにする分野である．意味論は，意味の仕組みがどのようになっているかを明らかにする分野である．

　ことばの文法には，このような側面に加えて，語（word）の情報と語を作り出すシステムからなるレキシコン（Lexicon）——これは語彙目録とも言われる——が含まれている．レキシコンは語や意味をもつ最小の単位である形態素（morpheme）を含んでおり，語や形態素は，次の（5）や（6）に示すようなさまざまな情報の集合からなっている．

(5)　a.　音声・音韻情報
　　　b.　統語情報
　　　c.　意味情報
(6)　a.　語用論的情報（Pragmatic information）
　　　b.　百科事典的・文化的情報

この意味で，語や形態素は，さまざまな情報の集まりであり，それらが関連づけられているところと考えることができる．

　統語論は，このような語や形態素を組み合わせて統語構造を組み立てる仕組みを内蔵している分野であると言うこともできる．

　人間は，このようなことばの仕組みを，生まれてから短期間のうちに発達させるのであるが，それはどのようにしてなされるのであろうか．次にこの点を考察してみよう．

0.3　ことばの獲得

　ことばが使えるようになるにはどのくらいかかるのであろうか．驚くべきことに，人間の赤ん坊は，日本語を日常用いる環境に育つと，生まれてから3, 4年くらいの間に日本語の核になる部分は獲得してしまうことが明らかになっている．しかも，ことばを獲得する際に与えられる言語刺激は，言い誤りがあったり，幼児語を含むなど，質が悪かったりするにもかかわらず，また，能力の違いにもかかわらず，みな同じようにことばの中核部分は完全にかつ均質的に獲得できる．その後もことばに関して学ぶべきことは多いとはいえ，それらは，主として語彙を増やしたり，さまざまな表現のテクニックを身につけたりするだけである．

　しかも，ことばは人間という種に固有のものである．イルカやボノボやチンパンジーなどは，それぞれ固有のコミュニケーションのシステムをもっている．が，人間にはそれらを獲得し，理解し用いることはできない．同様にイルカやボノボやチンパンジーは，人間のことばを獲得し，人間と同じように創造的に理解し用いることはできない．人間がこのように短期間にことばを獲得でき，ことばが人という種に固有であるのはなぜであろうか．

　この問いに対する答えとしては，人間は生まれながらに，ことばを獲得できる能力を備えているからである，と考えられる．人間は生まれながらにことばの素を頭の中にもっている．ことばの素に相当するものは，専門的には，普遍文法 (Universal Grammar: UG) と呼ばれている．ことばを獲得する際に耳にする各言語の刺激が与えられると，最終的に各国語の能力が頭の中にできあがるが，その言語能力の内容が，各国語の文法 (Grammar) である．このようにさまざまな言語として顕現する言語獲得装置 (Language Acquisition Device: LAD) の仕組みは，次のような入出力システムからなっていると考えられている．

(7)

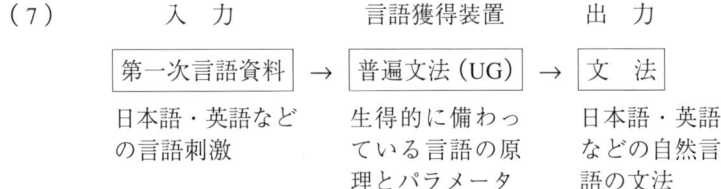

視点を変えて言うと,脳の中に生得的に備わっている言語獲得装置への入力となる日本語や英語などの自然言語の言語刺激を第一次言語資料と言い,それが,言語獲得装置への入力となる.言語獲得装置の具体的内容として考えられている普遍文法は,諸原理とパラメータ(未指定値で,言語により異なりうる値)のシステムからなっていると想定されている.入力の言語刺激が与えられると,パラメータの値が確定され,各言語に固有の原理が付け加わって,出力として,各国語の文法になる.この文法が,言語の運用能力の中核を占めるものであり,無限の能力を構成する具体的な仕組みなのである.

人間は,全くの白紙の状態から,言語を用いる能力を獲得するのではなくて,能力のかなりの部分は生得的に備わっており,それらの仕組みが言語刺激を受けて,言語を理解し用いる能力として顕現すると考えるのである.このように想定すれば,短期間のうちに能力に関係なく言語を獲得することができるのはなぜかが説明できるようになる.

0.4 言語使用の創造的側面

ことばに関する能力は,生得的な側面が大きいことに加えて,できあがった文法は無限の可能性をもっている.しかも,われわれがことばを話したり聞いたりするなど,ことばを使用するときには,そのつど新たにことばを作り出して用いている.

このように言うと,挨拶のことばとか決まり文句など,覚えたとおりに使っているものがかなりあるから,それは違うのではないかと思う人もいるかもしれない.しかし,われわれがことばを使うときには,覚えたとおりそのまま使うことは比較的まれで,話をしたりものを書いたりするとき

には，そのつど文を作り出して使っているのがほとんどである．それが証拠に，3つか4つくらいの文からなる話でも，覚えたとおりに言うことは不可能ではないにしろ，かなり難しく，どこか違っているものである．

人間は同じことを繰り返すことは，特別の場合を除き，あまりしないものである．たとえば，この文章もこれまで書いたものと全く同じ文章ではなく，今はじめて書かれたものである．話をするときも，話す内容の要点を覚えておいて，その場の状況に応じて当意即妙に話をする．公式の挨拶など，書いたものをそのまま話すときは，「読む」とかreadなどと言うことからもわかるように，別物である．読むときですら，書いてあることと違うこともまれなことではない．

このように，われわれがことばを使うときには，その場に応じて文を作り出して使っているのであり，ことばの使用は，常に創造的になされている．こうしたことが可能なのは，われわれの頭の中にはことばを作り出す規則や原理の体系があって，それを用いてそのつどことばを作り出して話したり聞いたりしているのである．

文を作り出すこのような仕組みを文法と言い，ことばの仕組みを研究するということは，この文法がどのようになっているかを明らかにすることであると言うことができる．本書で述べることは，この文法の仕組みを理解し，ことばと認識の仕組みに関わる点について，具体的にわかりやすく見ていくことである．

0.5　本書の構成

このような，ことばの仕組みを明らかにするために，本書は4部構成からなっている．まず第1部では，ことばの音声・音韻の側面と，語の仕組みに焦点を当てて，普遍的性質と各言語に固有の性質，有標・無標（Marked — Unmarked）といった観点を交えて，多面的に考察する．次いで，第2部では，文の構造がどのようになっているか，つまり，構文の統語論的側面に光を当てて，ことばの普遍的性質と，英語や日本語に固有の性質について考察を加える．第3部では，ことばの意味の側面に関して，意味とは何かをはじめとして，意味のさまざまな姿に関する，興味あるこ

とがらを取り上げて，その仕組みに迫る．第4部では，ことばと認知の仕組みに関して，つまり，人間の認知の体系をことばがどのように反映しているかに関して，さまざまな例に則して考察を加え，光を当てることにする．

　本書は，ことばに関するさまざまな側面に関して，基本的なことを理解することができるように工夫されている．ことばのそれぞれの側面に関して，さらに深く知りたければ，本シリーズの各巻がその手引きをしてくれるようになっている．数多くの人が，人間に備わっていることばというすばらしいシステムに興味をもち，自らもその研究に携わり，より深い理解に貢献するようになることを願ってやまない．

第 1 部　音声と語の仕組み

0.　は じ め に

　ことばは，音声情報と意味情報が形式を仲立ちに結びつけられたシステムである．ことばについて考える際にまず音声や語の仕組みはどうなっているかが問題になる．ここでは手始めに，音声と語の仕組みについて考えていくことにする．

　そのためにまず，ことばの音声面に関しては，音声と音韻という言い方をすることがあるということに触れておくべきであろう．音声というときには，ことばの本質と直接関係のないさまざまな要因が関与している．たとえば，舌にできものができたとか，鼻が詰まっているとか，ガムをかみながら話をするなどといった場合には，ふつうの場合とは違い，音声に影響が生ずる．しかし，これらはことばの本質とは直接関係のない音声的特徴である．しかし，音響工学的にも医学的にも，これらの音声情報は，それなりの興味の対象となりうる．一方，音声情報のうちで，言語の本質に関わる特徴を対象としているときには，音韻と言って，区別する．言語音の本来的性質を研究する分野を音韻論 (phonology) と言い，言語音の聴覚的性質や構音的性質や音響的性質を，言語学や工学や医学や言語治療などさまざまな分野において明らかにしようとするのが音声学 (phonetics) である．

　ここで音声の仕組みを明らかにするというときは，主として音韻論の観点から音声の仕組みを考えるということである．ただし，音韻論というときにもさまざまな立場があるが，ここではやや広く考えて，音声学的特質

もかなりの程度対象として考察を加える生成音韻論の立場をとることにする．

0.1 英語の音声体系と音韻体系

英語の母音の音声体系は，ほぼ次のようになっていると考えられている．

（1）　母音の音声体系(英語)

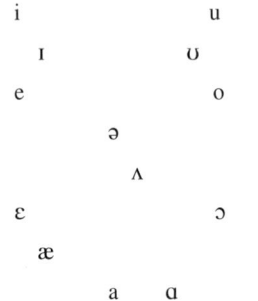

英語の母音は，音声的にはさらに区別することも可能であるが，中心的なものとしてはこれで十分であろう．このうち，[ɪ, ʊ, ɛ] は，[i, u, e] のゆるみ (lax) 母音とみなされており，あいまい母音の [ə] は強勢のない短母音が音声的に実現したものである．さらに [ɑ] は [a] の音声的な変異音と解釈可能である．

（2）　母音の音韻体系(英語)

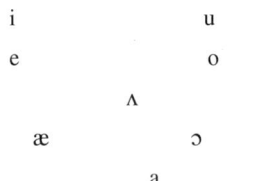

したがって，音韻論的には，英語の母音体系は (2) のような 8 母音体系からなっているとみなすことができる．この体系は，日本語の 5 母音体系

に比べて，はるかに複雑である．

次に，英語の子音体系はおよそ次のようになっている．

(3) 子音体系(英語)

	両唇音	唇歯音	歯音	歯茎音	口蓋歯茎音	後部歯茎音	口蓋音	軟口蓋	声門音
閉鎖音	p			t				k	
	b			d				g	
摩擦音		f	θ	s	ʃ				h
		v	ð	z	ʒ				
破擦音					tʃ				
					dʒ				
側音				l					
鼻音	m			n				ŋ	
接近音	w					r		j	

この英語の子音体系のうち，軟口蓋鼻音の [ŋ] は音韻論的には後ほど見るように鼻音と軟口蓋閉鎖音の結合した /Ng/ と分析可能である．したがって，音韻論的には除くことができる．この子音体系は，次の (4) のような日本語の子音体系と比べるとはるかに複雑であることがわかる．

(4) 子音体系(日本語)

	両唇音	唇歯音	歯音	歯茎音	口蓋歯茎音	後部歯茎音	口蓋音	軟口蓋	声門音
閉鎖音	p			t				k	
	b			d				g	
摩擦音				s	[ʃ]				h
				z					
破擦音					[tʃ]				
					[dʒ]				
鼻音	m			n				[ŋ]	
接近音	w					r	j		

この子音体系のうち，[ ]で囲まれている部分は音声的なものであり，音韻体系からは除かれる．ごくおおざっぱに言うと，[ŋ]は日本語では，/g/の変異形であり，[ʃ]は/sj/の音声的実現であり，[tʃ]は/t/が/iまたはj/の前で音声的に実現したものであり，[dʒ]は/d/が/iまたはj/の前で音声的に実現したもので，多くの場合/zi/の音声形/ʒ/と合流している．日本語の[r]は，音声的には，英語の[l]にむしろ近いことがしばしば指摘されている．

0.2 英語の音節構造

これらの母音や子音は，自由勝手に生ずるのではない．一定の構造に従って生ずるのである．その構造は，音節 (syllable) と呼ばれている．英語の音節に関する仕組みは，次のようになっていると考えられている．

（5）

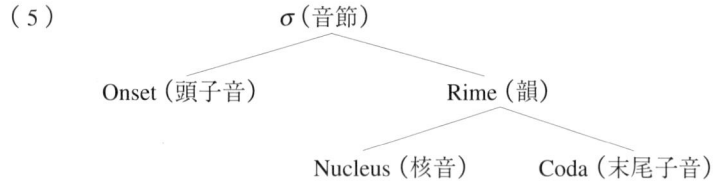

たとえば，英語の strengths という語は，頭子音が [s] と [t] と [r] の3つの子音の結合からなっており，[e] が核音の位置を占めており，末尾子音は [ŋ] と [k] と [θ] と [s] の4つの子音の結合からなっている．

このような音節の構造が，すべて生じたものとしては，

（6） cat, hip, pen, tap, steak, tax, etc.

などがあり，末尾子音の欠けたものとしては，

（7） to, key, see, sea, you, me, etc.

などがあり，頭子音の欠けたものとしては，

（8） at, in, out, eat, ape, up, owl, ice, etc.

などがある．しかし，末尾子音と頭子音の欠けた語は，英語では

(9)　a, eye, owe, E, I, O, etc.

などごく限られたものしかない．この点で，日本語のように核音のみからなる語が，たとえば次のようにたくさん存在する言語とは大きく異なっている．

(10)　a. 亜, 阿, 胃, 意, 宇, 鵜, 江, 絵, 尾, 汚, etc.
　　　b. 愛, 合い, 栄, 英, おおう, 井伊, 魚(うお), 青, etc.

英語の特徴は，特に短い語(つまり，もともと英語の語)の場合，子音で閉じられた音節 (closed syllable) が圧倒的に多いという点に求められる．ただし，長い語の場合，特に外国語などから入ってきた語の場合は，開音節からなるものが多くなる．

1.　英語らしさの仕組み

各言語は，それぞれ独自の特徴を持っている．英語を特徴づける英語らしさとは何であろうか．あるいは，日本語を特徴づける日本語らしさとは何であろうか．

英語らしさは，統語構造における英語らしさとか語彙と意味における英語らしさなどのように，ことばのさまざまな面で見られるが，以下音声における英語らしさに焦点を絞って，その特徴をいくつか見ておくことにしよう．

1.1　英語らしさと分節音 [ŋ]

英語の母音や子音など個々の音の現れ方には，いくつかの特徴が見られる．よく知られている特徴としては，まず，軟口蓋鼻子音 (velar nasal) の [ŋ] は，次の例から明らかなように語末(より厳密には音節末)には生ずるが，語頭(より厳密には音節のはじめ)には生じない．

（1） a. sing, song, king, thing, singing, long, etc.
　　　b. *ngis, *ngos, *ngik, *ngith, *nginngis, *ngol, etc.
　　　c. nice, mice, *ngice, neat, meat, *ngeat

これに対して，日本語では，次の例から明らかなように，[ŋ]は語頭には生じないが，語中では音節のはじめに生ずることができる．

（2）　gakkoo vs. syooŋakkoo
　　　koŋu vs. *ŋuko

これはなぜであろうか．日本語における[g]と[ŋ]の関係は，[g]は語頭では[g]のままであるのに対して，語中では[g]が音声的に[ŋ]になるからである．しかし方言によってはそのような規則はなく，[g]のまま出てくるものもあるし，東京方言でも，若者のことばでは[g]を[ŋ]に変える音声規則がなくなり，[g]のまま現れるようになってきている．

英語では，[ŋ]が語頭(もしくは音節のはじめ)に生ずることはなく，語尾(もしくは音節末)にしか生じないのはなぜであろうか．その答えは，次の2つが考えられる．

（3）　答え1: [ŋ]は，基底構造では /Ng/ という子音結合からなっている．英語ではこの子音結合は音節末では許されるが，音節の頭(最初)には許されない．したがって，語頭にも生じない．
（4）　答え2: [ŋ]が語頭に来ないことは，次のような制約が言語の中にあることから説明がつく．
　　　(a)　[ŋ]は語頭(もしくは音節の最初)には生じない．
　　　(a′)　*#ŋ

（4）の(a′)は(a)を公式化したものである．この(4)の制約を導入すれば，英語でも日本語でもこの(4)は，上位にランクづけられているため，語頭には[ŋ]がこないことが説明される．

この2つの答えのうち，どちらの答えがよりよいであろうか．答え1は，英語に関しては極めて説得力ある形で説明を与えることができる．し

かし，日本語では語中では [ŋ] が許されるのに語頭では許されないことが説明できない．これに対して，答え 2 は，英語の事実も日本語の事実も普遍的な制約 (a) によって，統一的に説明できる．したがって，答え 2 の方が妥当性が高いと結論を下すことができる．

1.2 英語らしさと分節音 [h]

　第二に，英語では [h] は語頭 (より厳密には音節のはじめの位置) にしか生じず，語末には生じない．それはなぜであろうか．英語をはじめとする多くの言語で，[h] の生ずる位置に関して，

（5）　[h] は音節の頭子音 (Onset) の位置以外には生じない．

という制約が作用しているからである．このような制約を仮定すれば，[hit] という語は，[h] と [i] と [t] の順序に関してこの順序で生ずるという情報を指定しておく必要はなくなる．なぜなら，[h] は (5) によれば頭子音の位置にしか生じ得ないし，[i] は音節の中心にしか生じ得ないし，残る [t] は音節末の末尾子音 (Coda) の位置にしか生じ得ない．それゆえ，この 3 つの音が生ずる順序は自動的に決まってくることになる．Davis (1999) によれば，帯気音 (aspirated) の [pʰ, tʰ, kʰ] なども [h] と分布上の共通点をもっていることも指摘されている．

　英語における [h] の特徴は，ほかの要素に続く強勢のない音節の頭子音の位置では，[h] が落ちてなくなることである．たとえば，次のような場合がその例である．

（6）　a.　hit him [hitəm]
　　　b.　hit HIM [hit hím]

him は (a) のように強勢がないときには，[h] は消失する．しかし，強勢をもつ HIM の場合には，[h] はそのまま出現する．

　[h] の消失を規制している制約は，次のようになっていると考えられている．

（7） [h] は，強勢のない音節では，生じない(削除される).

(5) から，[h] は頭子音の位置，つまり音節の最初の位置にしか生じ得ないから，(7) のように規定しておくだけで十分である．このような制約があることから，たとえば，辞書にも記載されている次のような場合の [h] の出没も説明がつく．

（8）　a.　He's [iːz]
　　　b.　HE's [híːz]

つまり，強勢をもたない (8a) の場合は，[h] が発音されないのに対して，強勢をもついわゆる「強形」の場合は，[h] が発音されるのである．

　強勢のあるなしで違うのは，(6) のような句の場合だけではない．アメリカ合衆国マサチューセッツ州の州都で，マサチューセッツ大学のある町

（9）　Amherst

は，土地の人は第 2 音節に強勢をおかないので，[ǽməːst] と発音し，[h] が落ちるが，そのことを知らないよそ者は第 2 音節に弱い強勢を置いて発音するので，[ǽmhɚːst] と [h] が現れる．

　同様に，「額」などの意味の

（10）　forehead

も本来は第 2 音節に強勢がおかれない．したがって，

（11）　a.　[fɔ́ːrid]
　　　 b.　[fɔ́ːrhèd]

(11a) のように [h] なしで発音されていた．ところが，forehead を綴り字発音 (spelling pronunciation) をすると，-head に弱い強勢が置かれて，(11b) のように [h] のある言い方が時には聞かれることもある．このように，英語では [h] が発音されるかどうかは強勢のあるなしに依存しているという点で，ほかの言語には見られない特有の性質がある．

1.3 英語らしさとあいまい母音 [ə]

英語には，強勢のあるなしに依存した現象が，このほかにもかなり見られる．たとえば，アメリカ英語では，次の例のように強勢のない音節の短い母音は弱くなり，あいまい母音の [ə] になる．

(12)   a.   diplomat [dípləmæt]
          b.   diplomacy [dəplóuməsɪ]
          c.   diplomatic [dìpləmǽtɪk]

このプロセスは，次のように規則化されている．

(13) $\begin{bmatrix} -\text{stress} \\ -\text{long} \\ V \end{bmatrix} \rightarrow \text{ə}$

(13) の意味するところは，強勢のない [−stress] 短い [−long] 母音 (V) は，音声的にあいまい母音の [ə] として実現するということである．

そのほかにも，英語は歯音の [θ, ð] をもつという点でもほかの言語とは異なる特徴をもっている．また，流音に関しても日本語とは異なり，[l] と [r] の区別がある．

1.4 英語らしさと子音結合

英語らしさは，個々の音の特性やその生ずる位置の特性だけでなく，むしろ音節の特徴と，子音結合の特性に求めることができる．たとえば，英語では語頭(もしくは頭子音)では，鼻子音と軟口蓋音の連続である Ng は生じないことは上で見た．このことはより一般的には，

(14)   語頭(もしくは頭子音)では，鼻子音と閉鎖音の連続はあり得ない．

と言うことができる．つまり，英語(だけでなく，多くの言語)において，

(15) a. 鼻子音＋軟口蓋閉鎖音: *Ng, *Nk
　　　 b. 鼻子音＋両唇閉鎖音: *Nb, *Np
　　　 c. 鼻子音＋歯茎閉鎖音: *Nd, *Nt など

のような子音連続が語頭(もしくは頭子音)には生じないのである．ただし，この連続は，語末(もしくは末尾子音)の位置では，次の例からも明らかなように，ごくふつうに生ずる．

(16) a. sing, sink, strong, strength, bang, bank, etc.
　　　 b. bomb(ard), bump, iamb, camp, etc.
　　　 c. kind, hint, band, pant, etc.

これに対して，語頭(もしくは頭子音)の位置では，軟口蓋子音と鼻子音の連続は，英語では許されないのに対して，ドイツ語やギリシャ語などでは許されている．

(17) a. knight, knife, etc.
　　　 b. gnosis, gnaw, gnomon, etc.

英語では，次のような制約が上位に位置しているために，語頭の [k] や [g] が消失する．

(18) 語頭(もしくは頭子音)の位置では，軟口蓋子音と鼻子音の連続は許されない．

ところが，ドイツ語やギリシャ語では，(18)のような制約が働いていないか，下位に位置づけられているために，その効力を及ぼすことはない．
　同様に，英語では語頭(もしくは頭子音)では [ps] の連続は許されない．したがって，

(19) psychology, Psyche, etc.

などでは，語頭の [p] が消失して発音されない．ところが，フランス語やギリシャ語などではこの連続が許されており，[p] がそのまま発音されて表面に現れるのである．

1.5 英語らしさと音節構造

　英語では頭子音の位置に許される子音結合は，最大3つまで許されている．この点で，子音結合が許されていない日本語とは大きく異なっている．英語において3つの子音が生ずる場合は，たとえば次のような語から明らかなように，結びつき方が限られている．

(20)　a.　split, spring, etc.　cf. *sblit, *sbring
　　　b.　string, strike, etc.　cf. *sdring, *sdrike
　　　c.　scream, sclaff, etc.　cf. *sgream, *sglaff
　　　d.　square, squeeze, etc., stew, steward, etc.

3つの子音の結合からなる場合には，最初の子音は [s] に限られており，2番目の子音は無声閉鎖音の [p, t, k] に限られていて，有声閉鎖音がくることはない．また，第3の子音は流音の [l, r] かわたり音 (Glide) の [w, j] に限られている．

　一方，末尾子音の位置に許される英語の子音結合は，複数の [s] を入れると4つ，それを除くと3つまで許される．この点で，日本語のように末尾子音の位置には鼻子音(つまり，撥音)か重音 (geminate) [pp, tt, kk] などの前半(つまり，促音の「っ」)しか許されない言語とは大きく異なっている．英語において3つの子音結合が許される場合は，次の例からもうかがえるように，

(21)　a.　strength [Nkθ], succinct
　　　b.　sphynx, amongst
　　　c.　sixth [ksθ]
　　　d.　against, glimpse
　　　e.　burnt, burst

調音点の同じ鼻子音と閉鎖音の連続に [θ, s] などの舌頂音 (coronal) が続くか，3つとも舌頂音であるかのいずれかである．

　このように，頭子音と末尾子音の位置には，子音結合は3つまで許され

るとはいえ，無標の舌頂音(つまり，舌頂音の場合には調音点の値は自動的に指定されるので，基底において調音点の値を指定しておく必要がない，と考える)を除くと，調音点の指定は1つしか許されないことになる．このことをもとに，Yip (1991) は，

(22) 頭子音と末尾子音の位置の調音点の指定は1つまでである．

という制約が英語にはあると述べている．別の視点からこのことを述べると，子音結合は3つまで許されているとはいえ，頭子音と末尾子音の位置における調音点の指定は1つまでしか許されていないという点で，英語の子音結合には厳しい制限が課されているということになる．

　以上，英語の音韻と音節構造について，必要に応じて日本語と比較しながら，概観してきた．英語の方が，母音や子音の数においても，音節構造の複雑さにおいても，日本語よりもはるかに複雑な構造をしていることは，すでに十分明らかであろう．

1.6　英語が日本人に難しいのは

　さて，日本人は英語を獲得することが困難であると言われることがよくある．英語が日本人にとって難しいのはなぜであろうか．それにはさまざまな理由がある．たとえば，語順に関しては，英語では主語の次に動詞が来て目的語がそのあとに来る．ところが日本語では，主語のあとに目的語が来て動詞は最後に来る．

(23) 　a.　　S V O
　　　 b.　　S O V

このように基本的な語順の違いが，日本人にとって英語を学ぶのを困難にしている一因である．しかし，この点からだけであれば，英語の話者が日本語を学ぶのも同じ程度に難しくなるはずである．

　日本人が英語を学ぶ方が，英語話者が日本語を学ぶよりも難しいのは，音節の構造や音声の区別の仕方による面が大きい．すでに簡単に触れたように，日本語は [a, i, u, e, o] の5母音体系からなる言語であるが，英語

の母音体系はそれよりもはるかに複雑である．また，子音体系も英語には日本語にない子音を [l] と [r] や [θ, ð] のように含んでいる．この違いだけからも，音韻体系の簡単な言語を話す日本人がそれよりも複雑な音韻体系をもつ英語を学ぶことが難しいことがうかがい知れる．

これと平行して，英語の音節構造が日本語よりもはるかに複雑であることが，習得を困難にしている．つまり，音節 (syllable) の仕組みは，すでに見たことをまとめると，次の (24) のようになる．

(24) a. 英語では頭子音 (Onset) の位置に許される子音結合は最大限 3 つまでであり，末尾子音 (Coda) には最大 3 つ (複数の形態素である [s] を入れると 4 つ) まで許されている．
b. 日本語では子音結合は許されない．末尾子音にくるものは限られている (いわゆる末尾子音条件 (Coda Condition))．
c. 英語では流音 (Liquid) や鼻音 (Nasal) だけで 1 音節を構成することができる．

英語の語には，子音結合の複雑な strength のような 1 音節語がある．

(25) a. strength [streŋkθ]
b. sutorenkusu (ストレンクス)

日本語では，英語のような子音結合は許されないから，子音のあとに [u] や [o] などの母音を必要に応じて挿入して，(b) のような言い方になる．その結果，英語では 1 音節のこの語に対して，日本語では 5 音節からなる語が得られることになる．したがって，日本人が英語の歌を歌うときに，メロディーにおいてきぼりを喰うことがよくある．

たとえば，「世界残酷物語」の主題歌である "More" という歌の一節は次のように 20 音節からなっている．

(26) a. More than the simple words I try to say, I only live to love you
音　節： 　1　　2　　3　　4　　5　　　6　　7 8 9　10 11 12 13 14 15　16　17
　　　　　more each day.
音　節：　18　19　20

22　第 1 部　音声と語の仕組み

```
          b.  モア　ザン　ザ　シンプル　ワーズ
音　節:   1 2    3    4   5    6 7   8    9
モーラ:   1 2   3 4   5   6 7 8 9  10 11 12
          アイ　トライ　トゥ　セイ,　アイ　オウンリー
音　節:   10    11 12    13    14       15      16   17
モーラ:  13 14  15 16 17  18       19 20   21 22  23 24 25 26 27
          リブ　トゥ　ラブ　ユー　モア　イーチ　デイ
音　節:   18 19  20     21 22  23      24 25  26     27    28
モーラ:  28 29  30     31 32  33 34   35 36  37 38 39  40 41
```

これに対して，日本語の音節構造では 28 音節になり，モーラ（拍）にいたっては 41 モーラにもなってしまう．これではメロディーはどんどん流れていくのに，歌詞の方が追いつかなくなってしまうのは当たり前である．このような現象は，「字余り」と呼ばれることがあるが，英語にあまり習熟していない日本人が英語の歌を歌う際にしばしば起こることである．

　このような英語と日本語の音節構造に関する複雑度の違いが，簡単な音節構造を有する日本語に慣れている日本人が複雑な音節構造を有する英語を習得するのを困難にしているのである．

1.7　最小対立

　ところで，音声の研究に限らず，言語の仕組みを研究する際に必ず活用される概念が，最小対立 (minimal pair) という概念である．たとえば英語の次のような例を考えてみよう．

(27)　a.　pin vs. bin
　　　b.　tick vs. Dick
　　　c.　cap vs. gap

英語においては，(27a–c) における [p] と [b]，[t] と [d]，[k] と [g] の対立は，子音の有声と無声の対立であり，その違いが，たとえば，[pin] と [bin] の違いを決定している．(27) におけるこのような対立を最小対

立という．日本語も英語と同様，有声と無声の対立が弁別的である．
　これに対して，中国語の北京官話の場合，ほかの言語や方言における有声・無声の対立は，無気音と有気音の対立として実現される．したがって，(27a)の対立は，

(28)　　[pʰin] vs. [pin]

のようになる．中国語では，(28)のような有気音と無気音の対立を含むものが，最小対立をなしているのである．
　このように，言語によってどのような対立を弁別的に利用しているかが異なっており，それが音節構造や子音や母音の違いに加えて，その言語らしさの一端を担っているのである．したがって，英語らしさとか日本語らしさという概念は複合的なものであるということになる．
　以上見てきたのは，個々の音声に関する特質で，これらの個々の音声は分節 (segment) と呼ばれている．次に，個々の音声や音節の構造ではなく，いわゆる超分節 (suprasegmental) 的要素と言われている，アクセントやリズムの仕組みについて考えることにしよう．

2. アクセントとリズムの仕組み

2.1　アクセントの類型論

　言語は，いくつかのタイプに分けることができる．英語や日本語の東京方言や関西方言などのようにアクセントと言われる仕組みを用いるシステムと，中国語や都城方言や仙台方言などのようにそれを用いないシステムに大きく分かれる．さらに，アクセントを用いるシステムは，英語のような強勢アクセント (stress accent) システムを用いる言語と，日本語の多くの方言のようにピッチアクセント (pitch accent: 高低アクセント) システムを用いる言語に下位区分される．さらに，アクセントを用いないシステムは，大別すると音調 (tone) を弁別的に用いるシステムと音調が弁別的機能をもたない無アクセントシステムに下位区分される．

(1)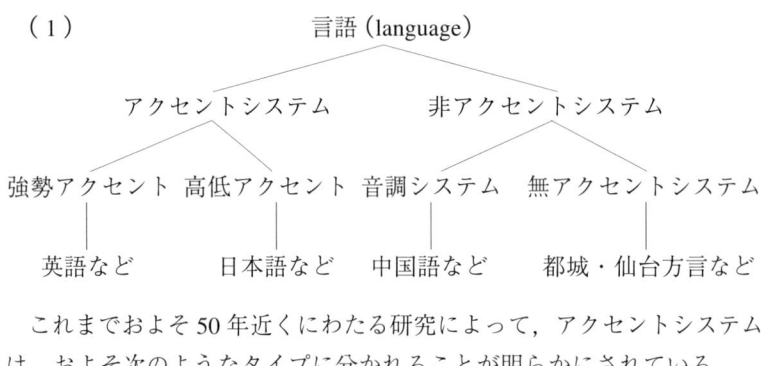

これまでおよそ50年近くにわたる研究によって，アクセントシステムは，およそ次のようなタイプに分かれることが明らかにされている．

(2) a. 語(あるいは句)の中で，1つしかアクセントがない．
b. 語(あるいは句)の中で，2つ以上のアクセントをもつ．
 (i) 2つ目ごとに繰り返しアクセントが生ずる．
 (ii) 3つ目ごとに繰り返しアクセントが生ずる．
 (iii) 特定の音節(たとえば重い音節など)にアクセントが生ずる．

(3) a. 語頭にアクセントをもつ．
b. 語末にアクセントをもつ．
c. 語頭から2番目にアクセントをもつ．
d. 語末から2番目にアクセントをもつ．
e. 語頭から3番目にアクセントをもつ．
f. 語末から3番目にアクセントをもつ．

これまでの研究で確認されているアクセントシステムの言語は，これらの特徴を1つないしはいくつか組み合わせた性質をもっている．たとえば，ラトビア語は，語頭に1つしか強勢をもたない言語であり，フランス語は語尾に1つしか強勢をもたない言語であるとされている．さらに，カユババ(Cayuvava)語のように，語末から3番目以降3つ目の音節ごとに(4)のように強勢が置かれる言語もある．

(4) a.　　*　　　　*　　　　*　　　line 1
　　　　(＊＊＊) (＊＊＊) (＊＊＊)　line 0
　　　　　9 8 7　　6 5 4　　3 2 1
　　b.　　*　　　　*　　　　*　　　line 1
　　　　*(＊＊＊) (＊＊＊) (＊＊＊)　line 0
　　　　10 9 8 7　6 5 4　　3 2 1

(4) において，数字は後ろから数えた音節の数であり，line 0 の星印 (*) は強勢を担いうる音節の情報を映し出したものであり，line 1 の星印は，その音節に強勢が置かれているということを示すものである．line 2 以上に星印が置かれれば，強勢の強さの度合いを表すこともできる．たとえば，英語の Apalachicola という語は，第 1 音節と第 3 音節と第 5 音節に強勢を持ち，第 5 音節の強勢が一番強い(主強勢と言われている)が，このことは次のように表される．

(5)　　　　　　　　*　　　line 2
　　　 (*　　*　　*)　　line 1
　　　 (＊＊) (＊＊) (＊＊)　line 0
　　　　Apa　 lachi　cola

このような強勢のシステムを導く方式は，これまでさまざまなものが提案されているが，その詳細に立ち入ることはここではしない．以下の各節では，英語などの強勢の仕組みに関して，その特徴を中心に見ていくことにしたい．

2.2　英語の強勢

　英語の語強勢の仕組みに関しては，どこに強勢が置かれるかは予測できないので，覚えるよりほかない，と教えられることが多かったことであろう．しかし，英語の強勢の位置は，例外はあるにしても，ほとんど予測可能なのである．1つは，もともとの英語の語彙(短い語が多い)は，英語は本来語頭に強勢を持つ言語であったことから，語頭に強勢が置かれるものがほとんどである．

もう1つは，英語の強勢は，ラテン語と同様(専門的には，Latin Stress Rule と言われる)，重い音節に強勢が置かれ，語の後ろの方から見ていくと，強勢の位置が明らかになるようになっている．このことを確認するために，次のような名詞の例を考えてみよう．

(6)　I(後ろから3音節目)　　II(後ろから2音節目)　　　　　III(最終音節)

-CV.CV.CV(C)　-CVV.CV(C)　-CVC.CV(C)　-VV(C) など
America　　　　aroma　　　　veranda　　　machine
Canada　　　　horizon　　　synopsis　　　career
metropolis　　　Minnesota　　amalgam　　　bazaar

(上記の CV 等の表示中の点 (.) は音節の切れ目を表す．)

I や II のように最終音節の母音が短い場合 (CV(C))，その前の音節が軽音節 (light syllable: CV) の場合は，後ろから3番目の音節に強勢が置かれ，後ろから2番目の音節が重音節 (heavy syllable: CVV か CVC) ならば，後ろから2番目のその音節に強勢が置かれる．それ以外の場合には，最終音節に強勢が置かれるのである．

同様に，派生形容詞の場合も，次に示すように，名詞と並行的である．

(7)　I(後ろから3音節目)　II(後ろから2音節目)
-CV.CV.CV((C)C)　-CVV.CV((C)C)　-CVC.CV((C)C)
ephemeral　　　　anecdotal　　　　dialectal
magnanimous　　　desirous　　　　　momentous
significant　　　　antecedent　　　　redundant

後ろから2番目の音節が軽音節のIは後ろから3番目の音節に強勢が置かれ，IIは後ろから2音節目が重音節 (CVV か CVC) であるから，その音節に強勢が置かれている．

このような事実は，音節が重いか (CVV, CVC) 軽いか (CV) と最終音節の母音が短い (V) 場合には，強勢の付与の際に無視する(ないものとして，計算外にする)と考えられてきた．しかし，英語の場合にも，日本語のように，重い音節である CVV と CVC は2モーラであるとすると，(6)

のⅠとⅡは後ろから2モーラ目(無視した部分を勘定に入れると,後ろから3モーラ目)に強勢が置かれると一般化することができる.しかもそのほかの場合には,文字通り後ろから2モーラ目に強勢が置かれるということができる.この場合には,最終部分が強勢の計算の際に無視されないだけである.

　このように考えると,上記のような場合には,最終音節の子音は,音節の軽い重い(ないしは,モーラの数の計算)には関係がないものとして対象外に置かれることになる.しかし,外国語から借用された語の場合には,たとえば次のように,最終音節の子音は1モーラと計算される.

（ 8 ）　　-CVC
　　　　　Japan, Berlin, etc.

その結果,後ろから2モーラ目(つまり,最終音節)に強勢が置かれることになる.

　なお,外国語起源の語彙の場合,英語では強勢の計算の際に,最終音節が無視されることはない.したがって,たとえば日本語の語彙の場合,

（ 9 ）　　Shinjuku, Haraguchi, jujitsu, harakiri, etc.

などは,後ろから2モーラ目(2音節目)に強勢が置かれ,その結果,その母音が音声的に長くなる.

　以上は,名詞と派生形容詞の例であり,最大限後ろから3音節目(つまり,3モーラ目)に強勢が置かれる場合であった.これに対して,動詞と形容詞の場合は,外来語の場合と似ており,次のⅠの例で示すように最大限2音節目(つまり,2モーラ目)に強勢が置かれる.

(10)　　動詞: Ⅰ　　　　　　　Ⅱ　　　　　　Ⅲ
　　　　　　　-CV.CV(C)　　-CVV(C)　　-CVC(C)
　　　　　　　astonish　　　　maintain　　　torment
　　　　　　　interpret　　　　decide　　　　convince
　　　　　　　embarrass　　　appear　　　　observe

(11) 形容詞:

I	II	III	IV
-CV.CV(C)	-CVV(C)	-CVC(C)	CVCVCV(C)
solid	supreme	absurd	erudite
clandestine	obscene	succinct	manifest
common	complete	august	resolute

これは，最終音節の母音が短い場合でも，強勢の付与の際に計算外にならないからである．動詞と形容詞の場合は，語末の子音は1つだけ無視され，あとはすべてモーラと計算される．したがって，I, II, III のいずれも後ろから2モーラ目の音節に強勢が与えられる．

形容詞の場合，IV は第1音節に主強勢が置かれ，最終音節(後ろから2モーラ目)に弱い強勢が置かれている．この場合には，ほかの動詞や形容詞と同様，最終音節(つまり後ろから2モーラ目)にまず強勢が置かれると考える．その後，語頭の音節，つまり，後ろから3音節目に強勢が与えられて，そこが最終的に一番強くなる．

これと同様の事実は，名詞でもあり，たとえば次のようになっている．

(12) XCV(C)CV(C)CV(C)
　　　hurricane, annecdote, nightingale, Arkansas, etc.

まず，最終音節(つまり後ろから2モーラ目)に強勢が与えられ，次いで，後ろから3音節目に強勢が与えられ，そこが最終的に一番強くなるのである．このように，英語では，後ろから見ていくと強勢の位置が予測できるようになっている．なお，事実はもう少し複雑で，細部にわたって詰める必要が残されていることは断っておかなければならないが，ここでは細部に立ち入る余裕はない．しかし，基本的には，英語はラテン語と同様，後ろから見ると強勢の位置が予測できる言語であることには疑問の余地はない．

2.3 英語の強勢と日本語のアクセント

英語の強勢アクセントは，ラテン語と同様，後ろから見ていくとその生ずる位置が予測できることを見た．ここで類型論的にも系統的にも英語と

全く関係のない日本語のアクセントについて見ておこう．原口 (1991, 1993) などで論じられているように，深い分析によれば，日本語のアクセントの分布は，英語と驚くほど似ていることが明らかにされている．

日本語のアクセントのある名詞は，3モーラ以上の語の場合，後ろから3モーラ目にアクセントをもつものがほとんどである．

(13)　a.　うぐいす，ひまわり，よざくら
　　　b.　ほととぎす，やまざくら，はるがすみ
　　　c.　あかとんぼ，ちょうたんぱ，ふかちろん

ちなみに Yamada (1990) の調査によれば，地名の約 70% はアクセントをもつが，アクセントをもつもののうち，後ろから 3 モーラ目にアクセントをもつ (a) のような語は，アクセントのある語の 94% にのぼるという．後ろから 2 番目のモーラにアクセントがくる (b) のような語が数 % で，残りのわずかのものが (c) のように語尾にアクセントが置かれる．

(14)　　後ろから3番目　2番目　　1番目　　　無アクセント語
　　　a.　カブト　b.　ココロ　c.　オトコ(ガ)　d.　サクラ(ガ)
　　　　　H L L　　　　L H L　　　L H H (L)　　　L H H (H)

ということは，名詞の場合，日本語も英語も後ろから 3 モーラ目に強勢やアクセントが置かれることが多いということになる．日本語でも英語と同様，多くの名詞は最後のモーラを計算外に置き，後ろから 2 モーラ目にアクセントが置かれるのである．後ろから 2 モーラ目にアクセントの置かれる語は，最後のモーラをアクセントの位置を計算する際に考慮に入れるため，後ろから 2 モーラ目にアクセントが置かれることになる．語末にアクセントのある語は，いわば例外で，レキシコンでその旨の指定がなされていると考えればよい．

また，動詞や形容詞の場合は，英語では後ろから 2 番目の音節 (モーラ) か最終音節 (後ろから 2 モーラ目) に強勢が置かれるのに対して，日本語では，アクセントをもつものと無アクセントの 2 つのタイプに分かれており，アクセントをもつ場合は，'現在形などでは，後ろから 3 番目のモー

ラにアクセントが置かれるのが原則である．

以上をまとめると，次のようになる．

(15) 　　　　　　　　英語　　　　　　　　　　日本語
　　　a. 品詞　　　　名詞と派生形容詞　　　　名詞
　　　b. アクセン　　後ろから3モーラ目・　　 後ろから3モーラ目と2
　　　　 トの位置　　2モーラ目　　　　　　　 モーラ目と1モーラ目
　　　c. 無アクセ　　（機能語を除き）
　　　　 ント語　　　なし　　　　　　　　　　あり（52%以上の語）
　　　d. 性質　　　　強勢　　　　　　　　　　声の高低
　　　e. 音節　　　　重音節と軽音節の違　　　（一部を除き）依存しな
　　　　　　　　　　 いに依存　　　　　　　　い

これからもわかるように，英語と日本語のアクセントは，違いはあるものの，驚くほど似ているといえる．この性質を形式的に表せば，その類似性はもっと明らかになる．

(16) 　　　＊　　　　　　line 1
　　　(＊　＊) 〈＊〉　　line 0
　　　CVCV　CV

つまり，最終音節は(強勢)アクセントの計算上無視されることは，〈　〉で囲んで示している．残りの2モーラが1まとまりになり構成素(＊　＊)を形成し，左側の星印の上の line 1 上に＊が置かれ，アクセントがくることが示される．このような共通性は，両言語が系統的に全く関係をもたないことを考えると驚くべきことであると言えよう．

2.4 複合語の強勢

次に英語の複合語のアクセントについて見ておくことにしよう．複合語とは，後ほど見る語形成のプロセスで語から語が作り出されたものである．英語の複合語は，強勢の点で，2つに分けられる．1つは，複合語に特有の強勢をもつものであり，MN という複合語であれば，M の方に強勢が与えられる．もう1つは，句と共通する強勢をもつものである．最初

の方の強勢は，単純な語の強勢と同じく，次のような強勢が，複合語に与えられる．

(17)　　　＊
　　　（＊　＊）
　　　　M　N

このタイプの強勢をもつ複合語は，数も多く，たとえば次のようなものが属している．

(18)　a.　Madison Street
　　　b.　evening class
　　　c.　teachers union

この手の複合語が，さらにもう3つの語と結合して3つの要素からなる複合語が作られると，2つの強勢のパターンが得られる．1つは，複合語の右に語が結びつけられたもので，次のような312のパターンである．

(19)　　　　　3　　　1　　　2
　　　　　　＊　　　　　　　　　line 2
　　　　　（＊　　　　　　＊）　line 1
　　　　　（＊　　＊）　　＊　　line 0
　　　a.　［［teachers　union］president］
　　　b.　［［Madison Street］　bus］

もう1つは，複合語の左に語が結びつけられたもので，次のような231のパターンが得られる．

(20)　　　　　2　　　3　　　1
　　　　　　　　　　＊　　　　　line 2
　　　　　（＊　　　＊）　　　　line 1
　　　　　　＊　　（＊　　＊）　line 0
　　　a.　［teachers　［pension　fund］］
　　　b.　［evening　［chemistry class］］

この手の複合語 MN は，N の方が2つの語からなっており，M よりも N

の方が重いため，句と同じく N の方に強い強勢が与えられるのである．

4つの語からなる複合語としては，これまで，Halle and Vergnaud (1987) などによって，次の2つのパターンが認められている．1つは，(19) のような構造に対してさらに右側に語が加えられた4123のパターンをもつ構造である．

(21)　　　　　4　　1　　2　　3
　　　　　　　*　　　　　　　　　　　　line 3
　　　　　　(*　　　　　　　　*)　　　line 2
　　　　　　(*　　　　*)　　*　　　　line 1
　　　　　　(*　　*)　　*　　*　　　line 0
　　a.　[[[teachers union] president] election]
　　b.　[[[Madison Street] bus] schedule]

もう1つは，次のような2131のパターンをもつ構造である．

(22)　　　　　2　　1　　3　　1
　　　　　　　　　　　　*　　　　　　line 2
　　　　　　(*　　　　　*)　　　　　line 1
　　　　　　(*　　*)　(*　　*)　　　line 0
　　a.　[[law shcool] [language exam]]
　　b.　[[labor union] [vacation colony]]

もう2つの可能なパターンがある．第3のパターンは，(20) の右側に語を付加した次のような2413のパターンをもつ構造である．

(23)　　　　　2　　4　　1　　3
　　　　　　　　　*　　　　　　　　　line 3
　　　　　　　(*　　　　　　　*)　　line 2
　　　　　　(*　　*)　　　　*　　　line 1
　　　　　　*　(*　　*)　　*　　　line 0
　　a.　[[teachers [pension fund]] raising]]
　　b.　[[evening [chemistry class]] instructor]]

第4のパターンは，(20) の語の左側に語を加えた，次のようなパターン

である.

(24)   3   2   4   1

```
                        *             line 3
        (*              *)            line 2
         *      (*      *)            line 1
         *       *     (*      *)     line 0
    a. [public [teachers [pension   fund]]]
    b. [Harvard [evening [chemistry class]]]
```

次に，句と同じく MN の N の方に強勢を置く複合語について見てみよう．この手の複合語としては，次のようなものが例として挙げられる．

(25)   1   2
    a. Madison Avenue
    b. Harvard University
    c. Penn   Station

この強勢のパターンは，次の (26) のように表すことができる．

(26)   *
    (* *)
     M N

このパターンは，後ろが複合語からなる重い場合の (20) の例と基本的には同じであると考えてよい．事実この手の複合語は，右側の語の方が左側の語に比べて長い(したがって，重い)場合がほとんどである．換言すると，(26) のようなパターンをとる複合語は，N の方が音韻論的に重い(か，それ自体複合語からなっている)場合であり，句の場合は，そこが意味的に重要である(いわゆる end weight (後ろを重くするという趣旨の機能原理)による)ということができる．つまり，(26) のようなパターンは何らかの意味で，N が重い(あるいは重要である)場合であると言うことができる．

このような一般化をすると，複合語の強勢は Halle and Vergnaud (1987)

のように，M の方に強い強勢がくる複合語のパターンを，句の強勢のパターンである (26) から，移動規則によって左に動かして，(17) のようなものを導く必要はなくなる．

(17)   *
   (* *)
   M N

つまり，(17) のようなパターンは，(26) のようなパターンが導けないような構造の時に生じてくる語の無標の強勢パターンであると言うことができることになる．

なお，英語には本来強勢が置かれないところにも強勢を置く対比強勢 (contrastive stress) という現象がある．たとえば，次のような例では，

(27) a. regular and irregular
   b. import and export（動詞の場合）

本来強勢の置かれない ir- に強勢が置かれ，これを対比強勢と言う．import や export などの動詞の場合，通例は -port に第 1 強勢が置かれるが，(b) のような場合には，対比する im- と ex- のところが対比強勢によって強くなる．対比強勢に類する現象はどの言語でも見られる現象であるが，その現れ方は，言語によって多少異なる．日本語などの，強勢を用いない言語でも，対比されている要素は，強く発音される傾向がある．したがって，対比強勢に相当する現象は，通例の強勢現象とは別に扱うべきものということになる．

2.5 英語のリズムの仕組み

次にことばのリズムに目を移そう．リズムのとり方は言語によって異なるが，無限に異なるわけではない．3,000 以上とも言われる多様な言語のリズムは，これまでの研究によれば，次の 3 つのタイプになる．

(28) a. 強勢拍のリズム (stress-timed rhythm) の言語
   b. 音節拍のリズム (syllable-timed rhythm) の言語

2. アクセントとリズムの仕組み　35

c. モーラ拍のリズム (mora-timed rhythm) の言語

強勢拍のリズムとは，強い強勢が一定の間隔で繰り返し生ずることによってリズムが成り立つものである．音節拍のリズムとは，音節の生ずる数によって，リズムが構成されるものであり，モーラ拍のリズムとは，モーラの数によって，リズムが成り立っているものである．英語のリズムは，(a)の強勢拍のリズムであり，日本語のリズムは，(c)のモーラ拍のリズムである．(b)の音節拍のリズムと言われている言語の例としては，フランス語やイタリア語があげられている．

英語のリズムは，英詩の作詩法にも反映されている．英詩の中で最も有名なのは，弱強五歩格 (iambic pentameter) と言われているもので，弱強 (ws) からなる韻脚 (foot) が 5 つ繰り返し生ず，次のようなリズムからなる詩である．

(29) The curfew tolls the knell of parting day
　　　w　s w　s　w　s　w　s　w　s
　　　　＼／　＼／　　＼／　＼／　＼／
　　　　F　　F　　　F　　F　　F

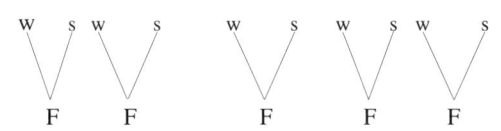

英語の語などでふつうに見られるのは強弱 (sw: trochaic) のリズムで，たとえば次のような語に見られるリズムである．

(30) a. hamamelidanthemum
　　　　s w　s w　S　w w
　　　b. Apalachicola
　　　　s w s w　S w
　　　（大文字の S は第 1 強勢を表す．）

(30)で danthemum のところは，強弱弱 (dactyl) になっているが，このリズムが見られるのは，語末と語頭にふつうは限られており，次のような長い語などで，時おり語中に見られるくらいである．

(31) pneumonoultramicroscopicsilicovolcanoconiosis
　　　s　w w s w　s w s w　s w w s　s w s w S w

ということは，英語の基本的なリズムは，次のような2項的（binary）な構造をしており，その繰り返しがリズムを構成しているということである．

(32)   *
   (* *)
   s w

語頭や語末などの場合に，時おり，

(33)   *
   (* *) *
   s w w

のような強弱弱のリズムが見られるのである．英語でこのようなリズムが用いられるのは，すでに見たように名詞と派生形容詞の語末の場合であり，一定の語の語頭(ないし語中)の場合などである．

(34)   a.   *   *
    (* *) * (* *)
    abra ca dabra
   b.   *   *
    (* *) * (* *)
    halla ba loo

このようにして，(32)や(33)のような強勢のリズム構造は，右から左へと作られるのである．

今しがた，英語の韻脚（foot）の仕組みは，2項的なものが基本で，3項的（ternary）なものも許されていることを見た．しかし，言語によっては，カユババ語のように3項的な韻脚しか許さないものもある．また，オーストラリアの言語の中には，2項的な韻脚と3項的な韻脚を自由に利用している言語もある．

日本語のような言語でも，韻脚が必要であることは，デモ，プロ，テレビ，リストラ，ワープロなどのように長い語を短くする短縮化など，いく

2. アクセントとリズムの仕組み　37

つかの現象に関して明らかにされている．

　話を本筋に戻そう．英語のリズムは，強いところと弱いところが交互に生ずることによって形成される．しかし，強いところどうしが隣り合って，いわゆる強勢の衝突を起こす場合がある．たとえば，(35) に示すように thirteen は最終音節の teen のところが強いが，thirteen men のような句になると，teen の強いところと，men の強いところが隣接して，強勢の衝突が起こり，リズムが崩れている．

```
(35)           *
         (*   *)
         (*) (* *)
         thir  teen
```

このような衝突を解消するために，いわゆるリズム規則が作用して，teen の強いところが左に移る．

```
(36)
                *
           (*     *)
     (*   |*)   (*)
     (*) (**)  (*)
         thir  teen  men
```

その結果，(37) のように強勢の強いところと弱いところが交互に生ずる構造が得られ，衝突が解消される．

```
(37)             *
         (*       *)
         (*   *) (*)
         (*) (**) (*)
         thir teen men
```

このように強勢の衝突をなくして，リズムを整える機能をもつ規則が，リズム規則 (Rhythm rule) と呼ばれているものである．強勢の衝突を許容す

るかしないかは言語によって異なる．また，どのような場合に強勢の衝突があると見なすかは，言語によって異なるだけでなく，同一言語内でも，現象によっても異なり，また，話すスピードなどによっても異なる．

さらには，強勢の衝突の解消の仕方も，上記の例のように，移動による解消の仕方のほかに，衝突している一方を削除することによって，衝突の解消を図る言語もある．また，上記の例でも，強勢を teen から thir へ移さずに，teen のところを長くすることによって，衝突を解消することもあるなど，さまざまな解消法が見られる．（詳しくは Haraguchi (1991) を参照.)

一方，日本語のリズムは，英語の強勢拍のリズムとは異なり，モーラの数による，モーラ拍のリズムである．日本語では，五七調とか七五調などがリズムを形成しており，調子がよい．これは，休止（「ヤ」で示す）を考慮に入れると全体として八拍子になるからである．

(38) ♪♪♪♪♪♪ヤ｜♪♪♪♪♪ヤヤヤ｜
　　　ギオンショウジャノ　　カネノオト
　　　♪♪♪♪♪♪ヤ｜♪♪♪♪♪ヤヤヤ｜
　　　ショギョウムジョウノ　ヒビキアリ
　　　祇園精舎の鐘の音　　　諸行無常の響きあり

休止を入れると日本語は八拍のリズムであり，そのリズムは，言語だけでなく，たとえば，応援の手拍子の三三七拍子にも及んでいる．

(39)　三三七拍子:
　　　チャッ チャッ チャッ ヤ｜チャッ チャッ チャッ ヤ｜
　　　チャッ チャッ チャッ チャッ｜チャッ チャッ チャッ ヤ｜

このように，日本語のリズムはモーラの数と休止に依存するリズムであるから，強い強勢の山と山の間がほぼ等間隔になるようにしてリズムを整える英語とは全く異なっている．英語では，山と山の間には，音節がいくつ来てもよく，音節の数が多くなれば，速くあいまいに発音される傾向があるし，音節の数が少なければ，強勢のあるところは長めにはっきりと発音

され，ゆっくりと発音して，全体の調子をとろうとする．

しかも，子音結合を許す英語と，子音結合を許さず，モーラは多少の長短はあるにしても，心理的にはその長さが等しく認識される日本語とでは，大きな違いが存在する．1.6節で見たように，日本人が英語の歌を歌う場合には，よほど英語に習熟していない限り，メロディーに歌詞が取り残される，いわゆる「字余り」現象が生ずることになりかねない．これは，子音結合のあり方と，リズムの取り方の違いの相互作用の結果生ずる現象で，日本人が歌を歌う場合のみならず，英語を話すときにも影響を与えることがある．

3. 音調とイントネーション

どの言語でも，声の高低(抑揚)を変えて調子をとったり，意味の違いを明確にしたりする．声の高低の変化に一定の型があり，それらは音調(あるいは声調)とかイントネーションと呼ばれている．中国語北京官話の四声や英語のさまざまなイントネーションのように意味の違いに関わるものと，意味の違いとは直接関わりがなく，話の調子を整えるような機能をもつものの2つに大きく分かれる．しかも，イントネーションの微妙な違いによって，意味合いないしはニュアンスがさらに異なることもある．

3.1 英語のイントネーション

英語では，さまざまなイントネーションが用いられている．そのうち中心的かつ基本的なイントネーションと言われているものは，3 (ないし4)であり，ほかはそれらの組み合わせによると考えられている．英語で最もふつうのイントネーション(基本音調)は，人によりさまざまな呼び方がなされているが，下降調(HL)のイントネーションである．これは，たとえば語を単独で言うような場合とか，平叙文(declarative sentence)などで典型的に用いられるものである．英語では，第1強勢のある音節が高く(H)なり，そのあとが下がって，低く(L)なる．第1強勢をもつ語が語末にあり，1音節しかないときには，語中で高いところから低いところへ下降

するのが特徴的である．

（1）　America
　　　　H L
（2）　It's John.
　　　　H L

これらの例で，第1音節のA-やIt'sなどは，中くらいの声の高さ（M）で発せられるのがふつうである（次の(a)も同じである）が，場合によっては，最初から高く始まる場合があり，高く始まる場合でも，ほぼ同じ高さの場合(b)と，順次下がる場合(c)がある．

（3）　a.　It's easy!　　　ea
　　　　　　M H L　　It's
　　　　　　　　　　　　　　sy!
　　　b.　It's easy!　It's ea
　　　　　　H H L
　　　　　　　　　　　　　　sy!
　　　c.　It's easy!　It's
　　　　　　H M L　　　ea
　　　　　　　　　　　　　　sy!

これらの3つは，ニュアンスの違いがあり，(a)は事実に即して淡々と（あるいはニュートラルに）述べている（matter-of-fact）響きがあり，(b)はほかには考えられない（Why should anyone think otherwise?）という響きがあり，(c)は騒ぎ立てるべきことなどではない（not worth fussing about），ごく当然のことという響きがある（Bolinger 1986）．しかし，これらはいずれも下降調の例であるという点で，共通している．

　第2のイントネーションは，上昇調（LH）である．このイントネーションは，典型的には，yes-no疑問文，問い返し疑問文，後ろに主節などの要素が続く場合の，従属節などの終わりに見られるものである．

（4）　It's John?
　　　　L H

(5)　　What did you say?
　　　　　　　　L　　H
(6)　　When you saw John, will you give him my best regards?
　　　　　　　　　　L　　H　　　　　L　　　　H

このイントネーションは，いわゆる選言疑問文(disjunctive question)のイントネーション $(LH)^n$HL の最初の部分に用いられる．たとえば，次のような場合に，tea と coffee では上昇し，milk は下降する．

(7)　　Do you like tea, coffee, or milk?
　　　　　　　　　　　LH　　LH　　　HL

(7)のイントネーション $(LH)^n$HL は，次のように数え上げる場合(listing)にも用いられる．

(8)　　She bought sugar, potatoes, and rice.
　　　　　　　　　　L　　H　　LH　　　　H L

上昇調のイントネーションは，まだ文が終わっていないとか，相手との情報のやりとりなどの関係が続いていることを示す場合に典型的に使われる．

　第3のイントネーションは，低上昇調と言われるもので，声が高いところ(H)ないしは中くらい(M)で始まり，強勢のある語のところで低くなりその後上昇するものである．第1番目の下降調とミラーイメージの関係になるイントネーションである．

(9)　　It's John?
　　　　　M L H

上昇調という点では，第2のイントネーションとほぼ共通する面があるが，使われる頻度は，第2のものよりも落ちる．Bolinger (1986)によると，この型は，特に(小さな)子供などに用いて，安心させたり慰めたりする(reassurance)際に用いられることが多いということである．

(10)　　a.　Don't cry!
　　　　　　　H　L H

b. Tell me how you did it.
      　　H　　　　　L H

　第4のイントネーションは，下降調と上昇調を合わせたような，下降上昇調 (HLH) もしくは，上昇下降上昇調 (LHLH) のイントネーションである．この両者は，語尾が上がるという特徴を共有しており，まだ完結していないとか終わっていない (incompletion) という意味合いを下降調の部分に対して加えている．上昇下降上昇調は，下降上昇調を強めたものである．これらの型は，

(1)　挨拶や別れるとき，

　　(11)　Good-bye now.
　　　　　　L　H　LH

(2)　何かを選んだときなどに，それでよいかどうかを聞くとき，

　　(12)　I like waffles.
　　　　　L　　H LH

(3)　主題を明確に示すとき，

　　(13)　Your brother broke his leg.
　　　　　　M　H LH　　　　H L

(4)　皮肉を込めた強調のとき，

　　(14)　Well good.
　　　　　　M　HLH

(5)　警告を与えるとき，

　　(15)　Don't do that!
　　　　　　H　L HLH

などに用いられることが多い．
　このように，英語のイントネーションは，文の意味とかニュアンスなど

と関わりをもつものが多い．なお，下降調が平叙文などで用いられ，断定の意味合いをもつというようなことは，英語にかぎらず，どの言語でも見られることが多い．また，上昇調が疑問文などで用いられることがよくあり，まだ終わっていないとかまだ続くというようなことを意味するということも，ほとんどの言語で観察されることであると言えよう．

ただし，日本語などの言語では，意味と直接的に関わるイントネーションは英語ほど多様ではなく，各句に与えられる基本音調 HL が一定の音声的な変容を受けて実現する．さまざまな言語にかなり共通に見られる型がある一方，言語によって異なるイントネーションも見られる．

3.2　イントネーションと意味

イントネーションの中には，意味的な効果をもつものと，意味とは関係なく，口調を整えたり，グループの特徴を示すような機能をもつものもある．前者の例としては，既に簡単に触れた疑問文と文末イントネーションのようなものとか，否定の作用域とイントネーションによる意味の違いを区別するものなどがある．たとえば，All the men didn't go. はイントネーションを除けば，部分否定と全文否定の 2 つの意味解釈が可能である．

(16)　a.　All the men didn't go. = Not all the men went.
　　　　　 H　　　L　　　H
　　　b.　All the men didn't go. = None of the men went.
　　　　　 H　　　L　　　L

しかし，下降上昇調のイントネーションで言うと，(a) は部分否定の意味解釈「すべての男が行ったわけではない(行かなかったものもいた)．」になり，下降調のイントネーションで言うと，(b) は全文否定の意味解釈「誰も行かなかった」に限られる．

これと並行的に，次のような例は，becuase 節が否定の作用域の中にあるか外にあるかの 2 通りの解釈が可能である．

(17)　a.　Senator B. did not grow cotton because he wanted to earn money.
　　　b.　John didn't drink because he's unhappy.

しかし，下降調の (18a) になれば，because 節は否定の作用域の外になり，It's because he wanted to earn money that Senator B. did not grow cotton. という解釈になる．なお，この解釈のときは，話しことばでは，because 節の前にポーズが置かれ，書きことばではカンマが置かれる．これに対して，下降上昇調の (18b) になれば，because 節が否定の作用域の中に入る It's not because he wanted to earn money that Senator B. grew cotton. という解釈になる．

(18) a. Senator B. did not grow cotton because he wanted to earn money.
　　　　　H　　　　L　　　　　　　　　　　　　　　　H L
　　　（B 上院議員は金を儲けたかった．だから綿の栽培はしなかった．）
　　 b. Senator B. did not grow cotton because he wanted to earn money.
　　　　　H　　　　L　　　　　　　　　　　　　　　　H LH
　　　（B 上院議員が綿の栽培をしたが，それは金を儲けたかったからではない(理由は別にある)．）

同様に (17b) も，(19a) のように下降調になれば，because 節は否定の作用域の外になり，「酒を飲まなかったが，それは気が滅入っていたからだ」という解釈になる．この場合も書きことばでは，because 節の前にカンマが置かれる．一方，(19b) のように，下降上昇調になれば，because 節が否定の作用域に入り，「酒を飲んだ理由は気が滅入っていたからではない(理由はほかにある)」という解釈になる．

(19) a. John didn't drink because he's unhappy.
　　　　　H　　　L　　　　　H L
　　　（ジョンは気が滅入っていたので酒を飲まなかった．）
　　 b. John didn't drink because he's unhappy.
　　　　　H　　　L　　　　　H LH
　　　（ジョンが酒を飲んだが，それは気が滅入っていたからではない．）

このように，イントネーションによって意味解釈が限定されることがよく

見られる．

さらに興味深いことは，皮肉（irony）と似た機能をもつ矛盾音調（Contradictory tone）というイントネーションがあることである．この矛盾音調は，言っていることと逆の意味を含意するという点で，音韻上の皮肉と言ってもよいものである．

(20)　Elephantiasis isn't incurable.

この音調の特徴は，(i) 主強勢の前の強勢のない音節あるいは弱い強勢しかない音節は，語頭の上昇調が通常よりもおよそ2オクターブ高くなり，(ii) そのピークから急激に音調が降下し，(iii) 強勢のある音節以下の音調がぐっと低くなり，低い状態が続き，(iv) 発話の上昇部分で上昇調になる，という特徴を持っている点にある．このようなイントネーションは，言っていること（文字面）とは逆のことを伝えるという点で，矛盾を含んでいる．いわゆる皮肉のときにも，たとえば，「おまえは大したやつだよ」という場合，文字通りほめるときとは異なった調子で言うから，一定のイントネーションの効果を伴っていると言えないこともない．

このように，イントネーションはさまざまな効用をもっており，言語情報の伝達の際に重要な役割を担っているのである．

3.3　声調と高低アクセント

さて，英語のように，声の高低の変化によって，さまざまな統語構造の意味に影響が出る場合がある言語に対して，中国語などのいわゆる声調言語では，レキシコンにおいて語ごとに声調が与えられており，語と意味の区別に役立っている．

(21)　a.　ma（媽）
　　　　　　H
　　　b.　ma（麻）
　　　　　　HL

　　　　c.　ma（馬）
　　　　　　L（音声的には下降上昇調として実現する．）
　　　　d.　ma（罵）
　　　　　　LH

　日本語は，高低アクセント（pitch accent）の言語と言われている．日本語でもアクセントの位置が決まれば，HL の音調が次のように実現される．

　　(22)　a.　i'noti　　　（命）　後ろから3音節目にアクセント
　　　　　　　H L L
　　　　b.　koko'ro　　（心）　後ろから2音節目にアクセント
　　　　　　　L H L
　　　　c.　otoko'（ga）（男）　最終音節にアクセント
　　　　　　　L H H　 L
　　　　d.　sakura（ga）（桜）　無アクセント
　　　　　　　L H H　 H

語頭にアクセントがなければ，第1音節は自動的にL音調になり，アクセントのある音節とその左の音節はH音調になる．その右の音節はL音調になる．アクセントのない語(句)は第1音節を除き，すべてH音調になる．たとえば次のような例からうかがえるように，アクセントの有無と位置によって音調の区別がなされ，意味が区別されることも，特に1・2音節語では見られる．

　　(23)　a.　ha'si　　　（箸）
　　　　　　　H L
　　　　b.　hasi'（ga）　（橋）
　　　　　　　L H　 L
　　　　c.　hasi（ga）　（端）
　　　　　　　L H　 H

このような区別は，方言によって異なっており，特に京都大阪などの関西方言では，(23a)が「橋」であり，(23b)は低く始まり最後が高くなる音調

(24) hasi　hasi-ga（箸）
　　　L H　L L H

になって，「箸」を意味し，(23c)はすべて高くなり，「端」の意味である．

(25) hasi　hasi-ga（端）
　　　H H　H H H

このように，方言によりアクセントのあり方が変わり，コミュニケーションに影響が出ることもある．

3.4　意味と関わらないイントネーション

　以上見てきたことは，イントネーションが意味に関わる場合が中心であった．最後に，イントネーションが，意味とあまり関わりがないか，全く関わらない場合について簡単に触れておきたい．その例として，まず英語の紋切り型音調（stylized tone）といわれる次のような音調を見てみよう．

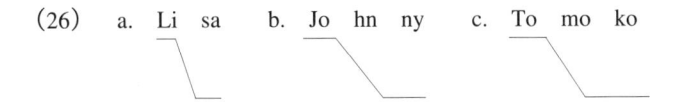

(26)　a. Li sa　　b. Jo hn ny　　c. To mo ko

　この音調は，目に見えない人(子供など)や遠くにいる人などを呼んだりするときなどに使う音調で，各音節は長めに発音され，声が高いところが長めに発せられ，そこから低いところに移行し，低いところが長く続く．
　したがって，暴漢に襲われたときなどにHelp!と叫んで助けを呼ぶような，緊急の場合などには，この音調を用いることはあり得ない．

(27)　He lp!
　　　*

この点は，日本語などでも似たことが言えそうである．
　日本語でも，たとえば全学連アジテーション調と呼ばれるようなイントネーションは，意味内容とは全く関係がない．

48　第1部　音声と語の仕組み

(28)　　ワレワレハー　サイゴノサイゴマデー　テッテイテキニー ...
　　　　LL LL HL　　LL LLL L LLLHL　　LL LLL L HL

　最近の若い女性の，句の最終音節を長めに発音し音調を上げる言い方も，これとやや似たところがある．いずれも，意味的な効果はない．もっとも，聞き手に，あきれさせたり，あるいは(きちんとした言い方ができないとは)かわいそうになどという気持ちを抱かせるという点では，語用論的なある種の効果をもっている，と言うことはできよう．
　以上，イントネーションや音調のもつさまざまな機能と意味合いについて概観してきた．話しことばは，書きことばにはない情報をもっており，その点で，情報量が豊かであると言えよう．
　音韻構造の仕組みに関してはこのくらいにして，次に語の仕組みに目を移そう．

4. 語形成の仕組み

4.1　レキシコンの情報

　語というのは，言語を構成する基本単位である．したがって，語の仕組みを探ることは，言語の仕組みの中心的な部分を探ることにつながる．語とは，

(1)　a.　純言語情報
　　　　　音声(音韻)情報・統語情報・意味情報
　　 b.　語用論 (Pragmatics) の情報
　　 c.　文化的情報・百科事典的情報

等々の集積所である．これらの情報は，識別し区別することが難しい面もあるが，可能な限り分けて考えるべきである．
　たとえば，「食べる」と「食う」というような同義語と言われている語でも，次のような場合は，意味が異なることがある．

(2) a. あいつは人を食っている．人を食った話．
　　　 b. あいつは人を食べている．人を食べた話．

(b)は，人肉を食するという意味しかない．「あいつ」は人食い人種であるかもしれないし，人肉と知ってか知らないでか食べていること，食した話という意味である．これに対して，(a)は(b)と同じ意味の解釈が可能な場合もあるが，それ以外の場合もある．「人を食った話」は，辞典などでは「人を馬鹿にした話」という解釈が与えられている．つまり，「人を食う」という表現は，熟語(idiom)として，

(3)　人を食う＝人を馬鹿にしたり，からかったり，かついだり，まごつかせるなどすること(によって楽しむ)．

というような意味をもっており，その意味は「人を食べる」という表現には欠けているのである．
　なお，(2)の(a)と(b)が，ほぼ同じと解釈される場合でも，語用論的には両者は異なっている．スタイルとか丁寧さの点でも違っているし，女性がふつうに用いるかどうかについても異なる．文化的な観点から，眉をしかめる行為かどうかという点でも，この両者は異なる．

(4) a. 飯を食う．
　　　 b. ご飯を食べる．
　　　 c. 米を食する．
　　　 d. ご飯を召し上がる．

というような言い方は，話し手がどのような人間か，「食べる」人がどのような人か，どのような場合に発せられるかなどに関して，異なる情報を与えてくれる．したがって，「文は人なり」とも言われるし，ことば遣いによってどういう人かがわかることにもなるから，気をつけた方が賢明と言えよう．
　音声ないしは音韻情報のあり方については，既にいくつか見てきたが，要約すると次のような情報からなっている．

(5) a. 素性 (feature) に関する情報
b. 分節 (segment) に関する情報
c. モーラや音節に関する情報
d. 韻脚 (foot) に関する情報
e. アクセント(強勢・高低)に関する情報
f. 音調・イントネーションに関する情報

このほかに，言語のほかの部門とのインターフェイスに関する情報もあるが，この点に関しては，後ほど検討することにする．

統語情報に関しては，第2部でその一端を取り上げるが，たとえば次のような情報が例としてあげられよう．

(6) a. 範疇(名詞・動詞・形容詞・副詞・前置詞など)に関する情報
b. 動詞が項をいくつとるか(自動詞 (one-place predicate)か他動詞 (two-place predicate) か授与動詞 (three-place predicate)か)に関する情報
c. 選択制限(主語や目的語にどのような要素をとるかなど)に関する情報
d. 共起関係に関する情報
e. 進行形をとるかどうかに関する情報
f. 語順に関する情報
g. どのような前置詞をとるかに関する情報，など．

意味情報に関しては，第3部でその一端を見るが，たとえば次のような情報を例としてあげることができる．

(7) a. 主題関係に関する情報
b. 語の意味関係に関する情報
c. 状態 (state: BE)・過程 (process: GO)・行為 (action: DO) などに関する情報
d. ステージ述語 (Stage-level predicate) / 個体述語 (individual-level predicate) に関する情報
e. 熟語 (idiom) の意味に関する情報，など

さらに，意味情報に関しても，普遍的な情報と各言語に固有の情報を区別する必要がある．たとえば sell / buy と「売る・買う」という動詞に関しては，ものの移動とお金の移動は，どちらの言語に関しても同じであり，

(8) a. John sold oil to Mary.
　　 b. ジョンはメアリーに油(ガソリン)を売った．
　　　　油(ガソリン): ジョンからメアリーへ
　　　　お金: メアリーからジョンへ
(9) a. Mary bought oil from John.
　　 b. メアリーはジョンから油(ガソリン)を買った．
　　　　油(ガソリン): ジョンからメアリーへ
　　　　お金: メアリーからジョンへ

(8)と(9)では，この関係は同じである．このような意味関係は，売り買いに関する語をもつならば，どの言語でも成り立つ関係であり，普遍的な意味関係である．これに対して，たとえば，

(10) a. John is selling oil.
　　　b. ジョンは油を売っている．

のような文では，(10b)の場合，2通りにあいまいで，文字通りの意味と，

(11)　　ぶらぶらしている・さぼっている．

というような意味になる．これに対して(10a)では，文字通りの意味しか存在しない．日本語において，「油を売る」が(11)のような意味をもつようになったのは，昔の日本の文化において，油売りのとった文化的な行動に由来するものであり，日本語に固有の意味である．同じく語・句の意味と言っても，普遍的な意味と各言語に固有の意味を区別することは重要である．ということは，言語の核 (core) と周辺 (periphery) の区別は，意味の上でも重要であることを意味する．

4.2　語形成のシステム

英語に限らず，レキシコンの語を作るシステムには，接辞 (affix) とい

う，ほかの語と結びつくことによって新しい語(派生語という)を作る形態素(morpheme)という要素が含まれている．さまざまな言語で，接辞には次の3つ(ないし2つ)が認められている．

(12) a. 接頭辞 (prefix): 例: non-, un-, in-, en-, etc.
b. 接中辞 (infix): 例: im-fuckin'-portant, im-goddumn-portant
c. 接尾辞 (suffix): 例: -al, -ion, -ate, -ize, -ic, -ness, etc.

英語では，接頭辞と接尾辞がふつうである．例外的に fukin' や goddumn などの語が接中辞的に用いられることがあるとされている．

このような英語の接頭辞と接尾辞は，大きく2つに分けられる．

(13) a. class I: in-, en-, -al, -ion, ize, -ic, etc.
b. class II: non-, un-, -ness, -less, etc.

この2つは，アクセントに影響するか，発音に影響があるか，などの観点から区別される．I類の接辞はアクセントの位置に影響したり，発音に影響があるなどの特徴をもっているが，II類の接辞はそれらに影響することはない．

さらに，レキシコンにはこのような派生接辞のほかに，屈折接辞(inflectional affix)という要素がある．屈折接辞には，

(14) 過去 (-ed)・3単現・複数 (-s)・所有格 (-'s)

などがあり，これらは派生接辞とは一線を画している．たとえば，これらの屈折接辞は，次に示すように順行同化 (Progressive Assimilation) を受けるだけでなく，

(15) 　　　　動詞　　　　　　　　　　名詞(複数など)
a. play, played; bloom, bloomed　　boy, boys; girl, girls
b. decide, decided　　　　　　　　base, bases; face, faces
c. limit, limited　　　　　　　　　cat, cats; cap, caps

派生接辞のあとには，屈折接辞をつけることはできるが，屈折接辞のあと

には，派生接辞は付加できない．

このようなシステムを内蔵するレキシコンの語形成のシステムは，限りなく多くの語を生み出すことが可能である．この点からも言語は無限の可能性を秘めていると言うことができる．

ところで，レキシコンの問題を論ずるときによく問題になることは，一番長い語はあるか？ということである．ところが，一番長い語というのは，理論的には存在し得ない．結論的に言うと，レキシコンの語を作るシステムは，無限に長い語を作ることができるようなシステムになっているからである．このことは，いくつかの観点から示すことができる．1つは，しばしば一番長い語とされている

(16)　flocci.nauci.nihili.pilifi.cation（なにかを無価値または末梢的と見なすこと）

という語も，形容詞を作る接辞の -al をつけてより長い語を作ることができるし，

(17)　flocci.nauci.nihili.pilifi.cation.al

これにさらに動詞を作る接辞 -ize をつけてさらに長い語を作ることができる．

(18)　flocci.nauci.nihili.pilifi.cation.al.ize

さらに，名詞を作る接辞 -ation をつければ，もっと長い語を作ることができる．

(19)　flocci.nauci.nihili.pilifi.cation.al.iz.ation

このように，接辞をつけることによって，限りなく長い語を作ることが理論上可能なのである．

ということは，一番長い語というのは，一定の制限の下でなければあり得ないということになる．この点で，たとえば研究社の『大英和』は，「この辞典に載っている語で一番長い語」というような但し書きをつけて

(20)　pneumono.ultra.micro.scopic.silico.volcano.koniosis

という語をあげているのは，1つの見識であると言える．ただし，一定の制限の下でのみ，一番長い語は存在するが，そのような記録は常に破られる運命にあると言える．

語形成の仕組みには，接辞を加えて語を作るものに加えて，ゴ + ゴ = ゴ，つまり語に語を加えて語を作るシステムがある．この仕組みも，無限の語を生み出すことのできる仕組みであり，文法が無限の能力を内蔵することを示す1つの例である．

4.3 複合語のシステム

語に語を加えて生み出された語を，複合語と言う．複合語の作り方は，2つの語を組み合わせて作るという点で，次の例に示すように，2つが基本である．

(21) a. 白黒(しろくろ)・黒白(こくびゃく)
　　 b. おとこおんな・男女
　　 c. みぎひだり・左右

しかし，すべての複合語が，2つの語を組み合わせて作られるわけではない．3つの語を組み合わせて作る場合もある．このことはたとえば，次のような例から明らかである．

(22) 上中下・小中高・大中小・松竹梅・雪月花・ABC・猪鹿蝶・白発中・現在過去未来

これらの語は，(23)に示すように，3つに枝分かれした構造をしているのであって，

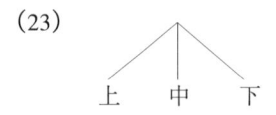

(23)　　　／|＼
　　　　上　中　下

たとえば，2つに枝分かれした構造を組み合わせた次のような構造をしているわけではない．

(24)　　　　　／＼　　　　／＼
　　　　　上　中　下　　上　中　下

複合語には，さまざまなものがあるが，右に来るものが主要部（head）になるのが原則である．この原則は，右主要部規則（Righthand Head Rule: RHR）と呼ばれ，日本語では例外なくこの原則に従っている．しかし，英語では次のような若干の例外がある．

(25)　　a.　Grand Central
　　　　b.　Secretary-General

原則に対して，例外を許すかどうかは，言語によって異なるということになる．

4.4　動詞由来の複合語

複合語の中には，動詞に由来するものがある．それらは，動詞由来の複合語といわれるが，そのような複合語を形成することができるのは，動詞に隣接する同位要素（First sister）に限られる．この原則を第一同位要素の原理（First Sister Principle）と言い，たとえば，次のような例において，truck と drive の関係は，(b) から明らかなように，動詞の目的語になっている．

(26)　　a.　truck-driving, truck-driver, トラック運転(手)
　　　　b.　drive a truck, トラックを運転する

これに対して，たとえば次のような例の場合，

(27)　　a.　tree-eating, tree-eater, 木喰(者)
　　　　b.　eat a tree 木を食べる
　　　　c.　eat in a tree/trees 木の中で食べる

tree が目的語を表す場合と，副詞句を意味する場合がある．いずれの場合も，動詞 eat に隣接する同位要素となっている．ただし，日本語の「木喰」の場合は，「木を食べる」という目的語の意味しかない．この場合も，言

語による若干の違いが見られる．

4.5 複合語の語順を決定する原理

　複合語で，2つの要素が並列的に並んだ(21)のような場合，語順が自ずから決まっている．日本語(大和ことば)・(中国語由来の)漢語・英語でも，次のように，語順は一定しているのが通例である．

　　(28)　a.　おとこおんな・男女・men and women
　　　　　b.　みぎひだり・左右・right and left

このような語順を決定する原理は，いくつかあるが，ここでは

　　(29)　優位にあるものが先に順序づけられる．

という原理が働いている．「男」は「女」よりも優位にあると見なされてきたし，ほとんどの文化で，「右」は「左」よりも優位になると見なされている．しかし，中国語とそれに由来する漢語では，「左」の方が「右」よりも優位にある．それが証拠に，「左大臣」の方が「右大臣」よりも格が上である．したがって，中国語や漢語では，「左右」となり「ゆうさ」とはならない．

　このような語順を決める原理は，ほかにもいくつかある．もう1つだけあげると，たとえば，次のような例では女性の方が先にきている．男性の方が女性よりも優位になることを上で見たが，それに反しているのである．

　　(30)　a.　百恵・友和
　　　　　b.　お夏清十郎
　　　　　c.　Ladies and Gentlemen

この場合は，次の(31)のような別の原理が働いており，その原理の方が上位にランク付けされていると考えられる．

　　(31)　短いものの方が長いものよりも先に順序づけられる．

このように，語順を規制するいくつかの原理があり，それがランク付けら

れて働くことにより，語順が自ずから決定されるのである．

　ただし，場合によっては，次の例のようにどちらの語順も許されている場合がある．

(32) 　a.　始終：　始めから終わりまで，ひっきりなしに．
　　　　　　例：　始終文句ばっかり言っている．
　　　b.　終始：　始めも終わりも．常に．
　　　　　　例：　終始沈着に行動する．

この場合はそれぞれ意味が異なり，それに伴って用いられ方も違う．このように，2つの語順が可能な例は比較的まれで，多くの場合は一方の語順しか許されない．

　レキシコンで語を作り出すシステムは，以上のように簡単ではあるが，無限の長さの語と無限の数の語を生み出すことが可能である．このように，既にある語や接辞によって新しい語を生み出すだけでなく，そのほかにも，語を転用して意味を拡張したり，外国語から借用し，外来語を組み込むシステムもある．

5. 音声と語のインターフェイスの仕組み

5.1　音 声 象 徴

　これまでは，音韻上の仕組みと，語形成の仕組みについて，その概要をかいつまんで述べてきた．次に，音声や音韻と語のインターフェイスの問題について簡単に見ておくことにする．

　ことばは，音声と意味が形式（統語論）を仲立ちとして結びついて成り立っているのがふつうである．ところが，音声と意味が直接的に結びついていると思われる面もいくつかある．さらに，語と音声の直接的な関係もしばしば観察されている．

　音声と意味が直接的に結びついていると思われる現象として，従来気がつかれていたものは，音声象徴（sound symbolism）と言われている現象で

ある．たとえば，fl- という子音連続は，「ひらひら」したりゆらゆらと揺らめく意味をもつ場合がかなりあり，gl- という子音連続は，光などが，ちらちらきらきらするような意味をもつものが多い．

(1) a. fl-: flip, flap, flare, flicker
　　　b. gl-: gleam, glitter, glimmer

日本語でも，無声子音の/h/と/p/と有声子音の/b/をもつ次のような語は，意味の度合いが違う．

(2) a. ヒラヒラ　ヘラヘラ　ひりひり
　　　b. ピラピラ　ペラペラ　ぴりぴり
　　　c. ビラビラ　ベラベラ　びりびり

話す場合でも，「ペラペラ」話すと言うと，流ちょうに話すように聞こえるが，「ベラベラ」話すと，話しすぎであり，「ヘラヘラ」話すのでは，誠意が感じられなかったり，内容に信用がおけないという意味合いがある．

5.2　文法の仕組みとインターフェイス

生成文法では，音声表示と発音・聴覚のインターフェイスと論理形式（LF）と認識・意味のインターフェイスが問題になることがある．

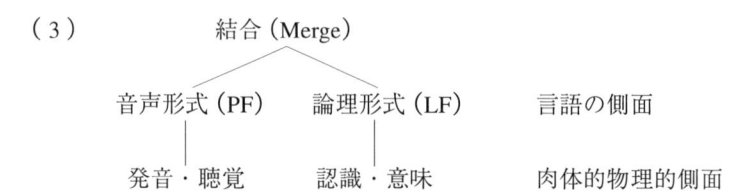

(3)　　　　　　　結合（Merge）
　　　　　　／　　　　　　＼
　音声形式（PF）　論理形式（LF）　　言語の側面
　　　｜　　　　　　　｜
　　発音・聴覚　　　認識・意味　　　肉体的物理的側面

音声形式は，言語の音声表示のレベルであり，それは，発音の仕組みや聴覚のレベルの入力になるという関係にある．論理形式のレベルは，意味や認識のレベルへの入力となるという関係にある．音声形式や論理形式の情報が，音声の聴覚や調音にどのように関係するか，意味や認識にどのように関係するか，今後の問題の1つと言えよう．

音声変化は，調音知覚のあり方が，言語の音声形式にどのように反映す

るかという問題と密接な関わりをもつと言えよう．

　語の境界と音韻上の単位である最初と最後の音節の境界が一致しているというようなことは，ごく当たり前のことであるが，このようなことも，音韻と語のインターフェイスの問題となっている．ほとんどの言語でこの関係が成り立っているが，タガログ語の um- のような接頭辞は，語頭の頭子音のあとに移るというような現象があり，どの言語でも無条件にこの関係が成立するわけではない．

　音韻と語(もしくは形態)は，相互に密接な関係にあり，論理的には次の2つの場合がある．

（4）　a.　語(形態論)の情報が音韻論に影響を与える．
　　　　b.　音韻論の情報が語(形態論)に影響を与える．

(4a)の場合は，Chomsky-Halle (1968) など生成音韻論の初期の段階から，知られていたことである．たとえば，英語の名詞と派生形容詞の場合には，最大限後ろから3つ目の音節に強勢が置かれるのに対して，動詞と形容詞の場合には，最大限後ろから2つ目の音節に強勢が与えられることは既に見た．このような一般化は，範疇の種類と派生語かどうかに関する情報が，音韻規則の適用に関係しているということを示す証拠である．接辞の種類によって，強勢の位置が変わったり変わらなかったりすることも，(4a)の例である．

　(4b)の例としては，強勢の位置によって，たとえば次のように -ic が付加できるかどうかが決まってくる場合がある．

（5）　a.　fatal　　　fatalist　　　fatalistic
　　　　b.　social　　socialist　　socialistic
（6）　a.　defeat　　defeatist　　*defeatistic
　　　　b.　extreme　extremist　　*extremistic

X-ist に -ic が付くことができるのは，X の最終音節に強勢がない場合であり，X の最終音節に強勢がある場合には，-ic を付けることはできない．このように，一定の接辞が付くかどうかは，X の強勢の位置，つまり音韻情報に依存していると言うことができる．このように，音韻論と形態情報

は，密接な関係にあると言うことができる．このような点に関する詳細については本シリーズの『文法におけるインターフェイス』を参照．

5.3 音声と意味のインターフェイス

インターフェイスの問題でさらに興味深いのは，アクセントと意味のインターフェイスである．この関係を示す例として，telephone, cook などの動詞の意味と文アクセントとの関係を見ておこう．

(7) a. Your MOTHER TELEPHONED.
(君のお母さんが電話をかけた．)
b. Your MOTHER telephoned.
(君のお母さんから電話があった．)

特別の意味的前提なしに，いきなり発せられる場合，文アクセントが主語と動詞句の両方に置かれると，「電話を(うちからどこかに)かけた」という行為を表す解釈になる．これに対して，同じような状況で文アクセントが主語にだけ置かれる場合は，「電話が(外から)かかってきた」というような，行為とは関わりのない (nonaction) 意味になる．

同様に，同じような状況で，cook という動詞が次のように用いられた場合，主語と述語動詞に文アクセントが置かれる場合は，「料理をしている」という行為を表す意味になる．

(8) a. We can't eat yet. Your MOTHER's still COOKING.
(君のお母さんはまだ料理をしているところだから．)
b. We can't eat yet. Your MOTHER's still cooking.
(君のお母さんはまだ煮えているところだから．)

これに対して，主語にだけ文アクセントが置かれる場合には，「煮えている」という，行為とは関わりのない，過程 (process) を表す意味になる．

このように，文アクセントと行為・非行為の関係は直接的な対応関係にある．このような例は，音韻情報と意味情報のインターフェイスの好例である．この点に関する詳細については本シリーズの『文法におけるイン

ターフェイス』を参照.

　インターフェイスに関する興味は，比較的最近のものであり，まだまだ未解決の面が少なくない．今後の研究によって，さまざまなインターフェイスの現象が発掘され，その理論的意味合いが明らかにされることであろう．

6. お わ り に

　第1章から第5章では，音韻論と語形成に関する中心的な面を，概略ながら見てきた．音韻論は，音声のさまざまな面に関して，システマティックに考察を加え，言語の音声の普遍的側面と，個別的な側面を明らかにすることを目指す研究分野である．

　音声の構造に関しては，長い研究の歴史をもっているにもかかわらず，まだまだ未解決の部分が残されており，今後の研究に待たなければならない面が多い．

　以上の考察では，言語の語用論的側面や，言語音のもつさまざまな効果やプラグマティックな機能については，触れる余裕はなかった．音声研究の場合，従来の純言語学的音韻論においては対象外に置かれてきたさまざまな現象を扱う，新たな枠組みの組織的な開発も望まれる段階に来ていると思われる．

第2部　文の仕組み

1. ことばの特徴

　ことばの単位に関係した表現に「語句」とか「文句」という言い方がある．「語句」は単語と句のこと，「文句」は「決まり文句」とか「名文句」のような表現からもわかるように，文と句のことを指す．語よりも大きな単位として句があり，句よりも大きな単位として文がある．ことばの重要な特徴の1つは，語，句，文など大小さまざまな単位があり，それらの単位が結びついてより大きな単位を構成していることである．

　そこでまず語が結びついて句ができる仕組みについて見て，次に句が結合して文ができる仕組みについて見ることにしよう．

2. 句 の 構 造

　中学校や高校の英文法で「5文型」の話を聞いたことがあるものと思う．たとえばSVOのOのところには，him のような短いものでも，a dog with a long tail のようなものでも，the dog which he bought in Nicaragua last summer のような長いものでも生ずることができる．これらは長さに関係なく，等しく1つのまとまりを成しており，しかもそのまとまりが等しく名詞句という句を成している．そして名詞句ならばいずれも，Oの位置に現れることができるからである．動詞や名詞などの品詞や，名詞句，動詞句などの句の名称を合わせて，文法範疇（grammatical category）という．文法範疇は句や文の構成を考える上で有効である．句の構成の仕組みを文

法範疇の点から考えてみよう．

2.1 動　詞　句

まず動詞句(verb phrase; 語頭を取って VP)の構成を見てみる．VP は動詞（verb; V）が中心となってできるまとまりである．自動詞は V が単独で VP を構成する．

（1）　　The sun appeared.

他動詞は必ず目的語の名詞句（noun phrase; NP）を伴うが，さらにその後ろにもう 1 つ NP を伴うことも，前置詞句（prepositional phrase; PP）を伴うことも，文（sentence; S）を伴うこともある．

（2）　a.　I learn Bantu. (V + NP)
　　　b.　She cooked the guests cookies. (V + NP + NP)
　　　c.　He put the big bag on a rickety table. (V + NP + PP)
　　　d.　He reminded me that she admired Einstein. (V + NP + S)

動詞の直後に PP が続くことがあるが，さらにその後ろにもう 1 つ PP が続くことも，S が続くこともある．

（3）　a.　John called on his parents. (V + PP)
　　　b.　I wrote about the conference to my friend. (V + PP + PP)
　　　c.　They agreed with me that the meeting would start at 10 o'clock.
　　　　　(V + PP + S)

動詞の後ろに S が直続することもある．だが S の後ろにさらにほかの要素が続くことはない(したがって (2d) (3c) の NP または PP が S の後に生ずるような語順はない)．

（4）　　I consider that Bill is a spy. (V + S)

(1) の自動詞はそれだけで意味的に充足しているのに対して，(2)–(4) の動詞はそれだけでは不完全であり，後続する NP や，PP，S がその不完全さを補っている．後続する要素を，動詞の不完全さを補う部分という意

味で，まとめて補部（complement）と呼ぶことにする．

　補部にはいくつかの注目すべき点がある．まず補部は，その文法範疇を問わず，必ず動詞の後方（右側）に生ずる．また補部として生ずる句の数は，おおむね2つまでである．さらに句の種類はNP，PP，Sなどに限られている．その上NPとPPが生ずるときには必ずNP–PPの順となり，NPとSが生ずる時にはNP–Sの順となり，PPとSが生ずるときにはPP–Sの順となる．つまり3つの範疇の相対的な順番はNP > PP > Sとなる（>は，左側の方が右側よりも先行するという意味）．VPの内部においてVが中心となっているので，VPの主要部（head）と呼ぶ．主要部として具体的にどのような動詞が生ずるかによって補部の数や種類が多少変動するものの，その主要部の動詞の如何に関わりなく，動詞句の構成は次のような一般性に従う．

(5) a. 主要部 > 補部
　　 b. 補部の数は2つまで
　　 c. 補部の種類はNP, PP, S
　　 d. NP > PP > S

2.2　形容詞句，名詞句，前置詞句

　VPの構成に関する規則性(5)は，VP以外の句についてもほぼそのまま当てはまる．形容詞（adjective; A）とその補部が一緒になって形容詞句（adjective phrase; AP）が構成されるが，補部は主要部Aの後ろに続く(6a)．補部の数はたかだか2つまでである(6b)．補部の種類はPPまたはSである(6c)．なお前置詞のofは特別の意味を持っていないので，形式的な（それゆえ，無視してもよい）要素であると仮定するならば，Aの補部にもNPが生ずることになる．補部としてPPとSが一緒に生ずるときには，PP > Sの順で並ぶ(6d)．

(6) a. happy at the news / identical to his idea（主要部 > 補部）
　　 b. dependent upon them for the plan / different from them in this point

c. aware of the accident（PP または NP）
   eager for a breakthrough（PP）
   certain that a dog is superior to a cat（S）
d. dependent upon him to help her（PP > S）
   (it is) important to me that she gets a job

　名詞（noun; N）がその補部と一緒になって名詞句（noun phrase; NP）を構成する場合も，補部が主要部 N の後ろに続く（7a）．補部の数は多くても 2 つまでであり（7b），補部の種類は PP または S である（7c）．前置詞 of の扱いについて上述の考え方に従うならば，N の補部にも NP が現れうる．（of を無視した）NP, PP, S が生ずるときには，相対的にこの順で並ぶ（7d）．

（7） a. story about the composer / construction of the house（主要部 > 補部）
　　　 b. talk about the accident to the spy
　　　 c. picture of the athlete（PP または NP）
        familiarity with the process（PP）
        belief that a dog is superior to a cat（S）
　　　 d. explanation of the cheat to the dean（NP > PP）
        explanation to the dean that the student cheated（PP > S）

　前置詞（preposition; P）が主要部となって前置詞句（prepositional phrase; PP）を構成する際にも，ほぼ同じようなことが成り立つ．PP では in the room のように，P が表す位置関係をその目的語の NP が補足する関係になっている．したがって P が主要部であり，その目的語が補部の働きを果たしている．

（8） a. in the room（主要部 > 補部）
　　　 b. from Tokyo to London
　　　 c. after the class（NP）
        from behind the door（PP）
        except that John has passed（S）
　　　 d. across the street from the bakery（NP > PP）

2.3 X による一般化

V が補部と一緒になって VP を構成するということを，(9) のように表示することができる．V が左端に現れ，その右側に補部が生じ，両者で VP というまとまり (「構成素」と呼ぶ) を構成する．補部の部分には，(5c) に示したような種類の文法範疇が，(5b) に示したような数の範囲内で，(5d) に示したような順番で現れる．

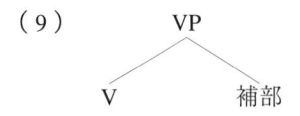

(9)　　　　VP
　　　　／＼
　　　V　　補部

(9) に表されている関係は，2.2 で見たように，VP ばかりではなくほかの範疇に関しても当てはまる．句の構成が，その種類の如何を問わずに基本的に同じなのである．この事実は，句の仕組みに関するきわめて重要な規則性である．そこで V とか N などという個別的な範疇を用いて (9) のような形で繰り返し述べる代わりに，範疇の種類を問わない記号を用いて一般化することが必要である．範疇の種類を問わない記号を，数学で習った変数 (variable) の X で表すことにしよう．句の構造は一般的に，(10) のように構成されている．

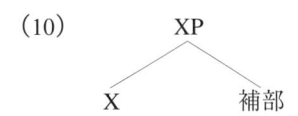

(10)　　　　XP
　　　　／＼
　　　X　　補部

変数 X のところに V が入れば VP ができ，N が入れば NP ができる．変数を用いて表記することにより，句構造の重要な規則性が正しく捉えられることになる．

(10) では，ある句 XP が主要部と補部から構成されているのであるから，それらの配列は，主要部が先で補部が後であるか，逆に補部が先で主要部が後であるかのいずれか一方である．世界中の言語は主要部と補部の語順に関して，主要部先端型 (head-initial) か主要部末端型 (head-final) の

いずれかに分類されると考えられている(本シリーズ第3巻の「主要部パラメータ」(head parameter)参照).英語は主要部先端型であるので,(10)に示されているようにすべての範疇にわたって主要部が補部に先行して現れる.そのために,(5a)の規則性が成り立つのである.(5)に示されたほかの規則性の原因については,章が進むにつれ順次明らかになっていく(⇒ 2.4, 4.2, 4.4).

2.4 項 構 造

　補部として具体的にどのような要素がいくつ生ずるかは,主要部に現れる個々の語によって異なる.(1)-(4)の例文では,主要部がいずれもVであるが,Vとして具体的にどのような動詞が現れるかによって補部の数も種類も異なる.補部の数および種類は,主に主要部に生ずる語の意味によって決まってくる.たとえば動詞 put は「置く」という意味からして,置くという動作の対象となる物体と,それが置かれる場所を表す要素を,補部として伴う.「考える」という意味の consider ならば,思考の内容を表す要素を伴う.動作の対象とか,場所,思考内容(命題)という働きは,補部として生ずる要素と主要部との間で成り立つ意味的な関係なので,意味役割という.あるいは意味役割の1つである動作の対象のことを主題(theme)と呼ぶことがあるので,それに代表させて主題役割(thematic role),または theme に発音が似ているギリシャ語の θ（シーター）を用いて θ 役割（シーターやくわり）(theta role)と呼ぶ.

　主語も,一緒に生ずる動詞によって,θ 役割が異なる.put の主語は動作を行う人(動作主・Agent)であるが,consider の主語は認識とか知覚など心的活動を経験する人(経験者・Experiencer)という θ 役割を担っている.補部および主語の θ 役割の種類は,動詞の意味によって,言語の相違に関わりなく,一定している(英語の put と日本語の「置く」の例を参照).また θ 役割の種類は,動作主,経験者,主題,命題,場所,起点(動作や状態の出発点),着点(終着する場所や状態)など一定の範囲内の種類にまとめることができる.

　補部も主語も動詞にとって不可欠の要素であり,それらの θ 役割は主

要部の動詞との関係で決まってくる．同様のことがほかの種類の主要部についても言える(主語については，第4章で詳しく扱う)．主要部にとって不可欠な要素(すなわち補部と主語)をまとめて，主要部の項(argument)という．それぞれの主要部として生ずる語ごとに，項に関する情報——項をいくつ取り，項のθ役割が何であるか——が決まっている．この情報を，項構造(argument structure)という．たとえば動詞 put は，次のような項構造を持っている．

(11)　put (行為者, 主題, 場所)

それぞれのθ役割がどのような文法範疇として具体化するかは，言語ごとにほぼ一定している．英語では通常の場合，動作主，経験者，主題などは NP として，場所，起点，着点などは PP として，また命題は S として生ずる．(5d)で補部の文法範疇が NP, PP, S に限定されるという規則性を見たが，これは補部が果たすθ役割が主題など特定のものに限られており，それらのθ役割の具体化(文法範疇としての現れ方)が NP, PP, S の3種類に限定されているからである．

3. 文の構造

3.1　述部の構造

The girl will bite a dog のような文では，大きく主語の部分 (the girl) と述部の部分 (will bite a dog) に分けられる．述部は VP (bite a dog) に助動詞 will が付け加わったものであり，両者で1つのまとまり(構成素)を成しているわけである．will のような法助動詞が現れる場合には動詞の形が原形になる (1a)．また (1b) のように動詞の手前に to が現れる場合にも，動詞が原形になる．法助動詞と to は同時に現れることができないので (*John will to leave)，to も法助動詞と同様に助動詞の一種と見ることができる．(1c) (1d) のように，動詞の手前に助動詞が生じていない場合には，動詞は必ず現在形または過去形に変化しなければならない．

(1)　　a.　The girl will bite a dog.　　　（法助動詞 — 原形）
　　　　b.　(The girl wants) to bite a dog.　（to — 原形）
　　　　c.　The girl bites a dog.　　　　　（ø — 現在形）
　　　　d.　The girl bit a dog.　　　　　　（ø — 過去形）

　(1a)(1b)において動詞の手前にある要素が動詞の形を決めているのと同様に，(1c)(1d)においても動詞の手前(括弧内のøの位置)に何らかの要素があり，それとの関係で動詞の形が決まっていると考えることができる．現在形とか過去形など時制を決めるので，øの位置には時制要素(Tense)があるとしよう．時制要素も法助動詞やtoと同様に，助動詞の一種である．これらの要素はいずれも，それに後続する動詞の形——文法用語で言うと屈折(inflection)——を決めるので，この文法用語の前方を取ってInfl，さらに頭文字だけ取ってIと呼ぶことにしよう．述部はIとVPが一緒になってできた構成素ということになる．

　(1a)(1b)において，Iは1つの語(willまたはto)から成り立っており，その後ろにVPという句が続いている．前章で見たように，いずれの句においても中心となる主要部は語(VやNなどに該当する語)から成り立っており，その後ろに句(NPやPPなど)から成る補部が続く．述部を構成するIとVPも，主要部とその補部の関係と見ることができる．Iが主要部であるならば，述部はIを中心としてできる句，すなわちIPと呼ぶことができる．述部はIとVPが一緒になってできた一種の句(IP; Pはphraseの意味)である．

　ある要素と別の要素が一緒になって構成素を形成することを，併合(merge)するという．述部はIとVPが併合してできたIPとして捉え直される．

(2)
```
         IP
        /  \
       I    VP
       |   /  \
    {will} V   NP
    {to}   |    |
    {Tense} bite a dog
```

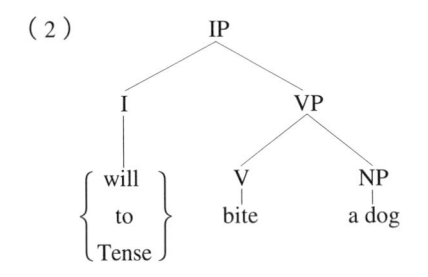

　述部は文の中では主語と対立する大きなまとまりであるが，それだけでは中途半端な単位である．will bite a dog だけでは，普通の平叙文にもならなければ命令文にもならない．またこれまで見てきた句はいずれもひとまとまりで文頭に前置することができるが(3a–d)，述部だけでは前置することができない (3e)．だが述部が主語と一緒になれば，前置することが可能になる (3f)．

(3)　a.　I thought John would bite a dog, and *bite a dog* he actually did.（VP）
　　　b.　They supposed Mary was afraid of a dog, and *afraid of a dog* she was.（AP）
　　　c.　*This kind of behavior* no one can tolerate.（NP）
　　　d.　*To the cute baby* everyone would like to talk.（PP）
　　　e.　*Can bite a dog* I think the girl.
　　　f.　*The girl can bite a dog* I think.

　したがって，主語と述部が併合して初めて，VP や NP と同じような句（すなわち XP）を構成すると考えられる．(2) の IP に主語の NP が併合すると，本物の IP ができる．(2) の IP は，それに主語 NP が併合して本物の IP ができた結果，中間的な大きさのまとまり——すなわち，主要部 I よりも少し大きいが，句よりも小さいまとまり——に「格下げ」される．中間的な大きさのまとまりを X に ′（プライム）を付けて，X′（エックスプライム）と表すことにする．主語と述部が併合してできる文 (S) は，(4) のような構造をした IP として捉え直すことができる．

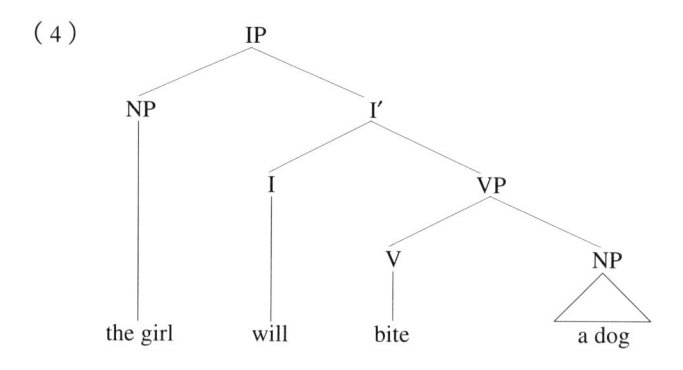

(4)
```
        IP
       /  \
     NP    I'
     |    /  \
     |   I    VP
     |   |   /  \
     |   |  V    NP
     |   |  |    △
  the girl will bite a dog
```

(4) では下から，V と NP が併合して VP ができ，VP と I が併合して一旦 IP ができ，その IP と NP が併合すると IP ができ，元の IP（VP と I の併合）は I′ に格下げされる．

　主語は，will bite a dog という誰についても成り立つ出来事に関して，行為者を特定化し出来事を詳細にする働きをしている．そこで主語のことを，IP の指定部（specifier）という．1 つの XP には，主要部と補部と指定部が含まれていることになる．なお指定部，補部という用語は，要素の統語的役割を表すと同時に，「XP と併合して X′ の姉妹となる位置」「主要部の姉妹となる位置」という構造上の位置を表すのにも用いられる．姉妹というのは，たとえば IP を「親」とするならば，その下にある要素同士のことを指す．(4) で NP と I′ は姉妹の関係にあり，NP は上述の指定部の定義を満たしている．

3.2 補　　文

　(4) の文が think や afraid などの補部に生ずるときには，通常，接続詞の that に導かれる（I think that the girl will bite a dog）．補部の位置に生ずる文を補文（complement sentence），補文の始まりを合図する要素を補文標識（complementizer）と呼ぶ．補文は，補文標識（C と略）と IP から成り立っている．ここでも C が主要部，その右側の IP が補部と見ることができる．補文は C と IP が併合してできる一種の句（CP）である．

3. 文の構造 73

(5) I think
```
        CP
       /  \
      C    IP
      |   /  \
    that  the girl will bite a dog
```

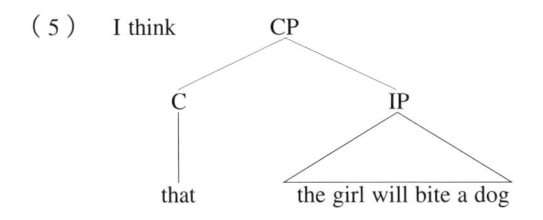

　補文が平叙文の場合にはCとしてthatが現れるが，疑問文(いわゆる間接疑問文)の場合にはwhether(またはif)が現れる(6a)．間接疑問文には，(6a)のような選択疑問文のほかに，(6b)のようなwh疑問文がある．wh疑問文の補文では，その始まりが疑問詞(英語ではwhで始まるのでwh句)でもって合図される．

(6)　a.　I don't know whether the girl will bite a dog.
　　　b.　I don't know what kind of dog the girl will bite.

(5)および(6a)ではCが語(thatまたはwhether)であるのに対して，(6b)では補文頭にある要素(what kind of dog)が句である．したがってwh句が占めている位置は主要部Cの位置ではなさそうである．また英語のある方言(北アイルランドのBelfast English)ではwh疑問型補文に，wh句と並んで補文標識のthatが現れる．

(7)　I wonder which dish that they picked.（Henry 1995, 107）

したがって，wh句が現れている位置はCの位置ではなく，その左側であると考えられる．(5)のCPにwh句が併合することにより，次のような構造ができる．wh句はCP内で指定部の位置にある．

(8)
```
              CP
             /  \
        wh-phrase  C'
                  /  \
                 C    IP
```

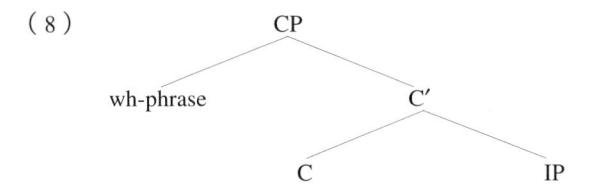

　(5)と(8)のCPの扱いから明らかなように，主要部と補部が併合する

とまず XP ができ，その後に指定部が併合しなければ，そのまま XP となる（(5) の CP）．一方指定部が併合するならば，主要部と補部のまとまりは XP から X′ に格下げされて，X′ と指定部のまとまりが XP となる（(8) の C′ と CP）．XP は主要部 X を中心としてできる一番大きなまとまり（投射）なので，主要部 X の最大投射（maximal projection）と呼ぶことがある．独立文では，それが平叙文の場合には補文標識が何も現れないが（John loves Mary），疑問文の場合には文頭に wh 句が現れるので（What does John love?），独立文も CP から構成されているものと分析される（⇒ 第 7 章）．

4. 主語と目的語

4.1 主語の源

　主語は，表面的には I の左側に現れており，IP の指定部にあるものと考えられる．だが 2.4 で見たとおり，主語は補部と同様に，動詞との関係でその θ 役割が決まってくる項である．補部が V の最大投射の内部にあるのに対して，主語だけが別個の最大投射の中にあるというのは不自然な感じがする．He may win the lottery という文の意味を考えても，「彼が宝くじに当たる」というまとまりを I の位置にある法助動詞 may が修飾しており，「〈彼が宝くじに当たる〉かもしれない」と解釈できる．he と win the lottery で 1 つのまとまりを成しているものと思われる．

　前章で IP や CP などの最大投射には指定部が現れることを見たが，2.1 および 2.2 で VP や AP などを見た際には指定部のことには触れなかった．いずれの最大投射（XP）もその構成が基本的に同じであると仮定するならば，VP や AP などにも指定部が現れ得るはずである．そこで主語はもともと VP の指定部の位置にあり (1)，IP の指定部のところに移動して行くと考えてみることにしよう (2)．

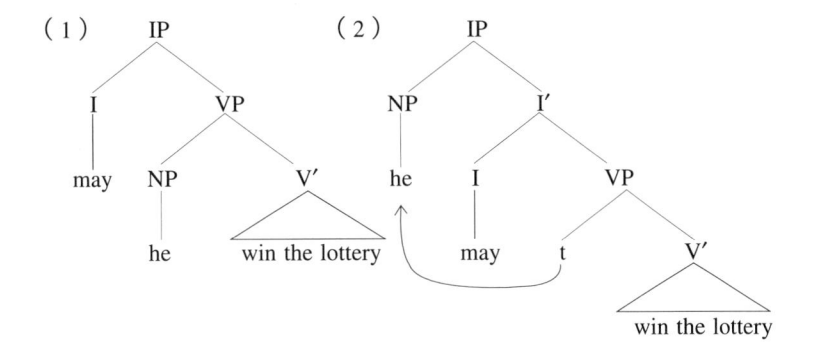

4. 主語と目的語

(1)
```
        IP
       /  \
      I    VP
      |   /  \
     may NP   V'
         |   /\
         he win the lottery
```

(2)
```
        IP
       /  \
      NP   I'
      |   /  \
      he  I   VP
          |    \
         may    V'
                 \
                 win the lottery
```
(with trace t after may, arrow from he)

(1)では動詞の取る項——すなわち，動詞に基づいてその θ 役割が決まる句——がすべて同一の最大投射 VP の中に生じており，その上に法助動詞 may が存在している．(1)ではまだ IP の指定部が存在していないので，I と VP が併合して IP となっている．主語の NP (he) が移動して行き IP と併合すると，その IP が I' に格下げし，NP と I' とで最大投射 IP を形成する (2)．NP がもともとあったところには痕跡 t (trace の略)が残されている．(1)のような，表面的な形の背後にある元の構造を D 構造(D は deep の意味)，一方 (2) のような表面的な形の構造を S 構造(S は surface の意味)と呼ぶことがある．主語は D 構造では VP の指定部にあるが，S 構造では IP の指定部にある．D 構造の段階で主語が VP 内にあると仮定する仮説を，VP 内主語仮説 (VP-internal subject hypothesis) という．

主語がもともと VP の中にあったと考えられるべきさまざまな根拠がある．たとえば，(3a) に生じている all は主語 the teachers から離れているが，意味的には (3b) におけると同様に主語と関係している．これは，主語の名詞句がもともと all the teachers という形で VP の指定部にあり，主語が IP の指定部に移動する際に all を「置き去りにして」移動していったためであると考えられる．残留している all は，D 構造における主語の位置(すなわち，I の後ろの VP 指定部の位置)を示している．

(3) a. The teachers will all recommend John's new book.
    b. All the teachers will recommend John's new book.

再帰代名詞は一般的に同じ節の中に先行詞を持っていなければならない．(4a) では再帰代名詞を含んだ VP が文頭に前置されて，再帰代名詞と先行詞が別々の節に属しており，一見この条件に違反しているかのように見える．だが VP 内主語仮説に従えば，D 構造の段階では，再帰代名詞の先行詞となる主語 John が VP の指定部に存在しており，主語が IP 指定部に移動した後にはその痕跡 t が残される((4b) 参照)．したがって VP が文頭へ前置されていても，VP の中に John の痕跡が残されており，それが再帰代名詞の先行詞として働くことになる．

(4) a. [VP Admire himself] I think John will.
　　 b. I think John will [VP t admire himself].

VP 内主語仮説は，ここでは詳細に立ち入らないが，John is crazy about cars のような AP にも敷衍することができる．

VP や AP も指定部を持っているとなると，NP や PP も指定部を持っているものと考えられる．p. 66 の (7) で NP の例を見たとき，story about the composer のような冠詞の付いていない例が挙げられていた．正確に言うと，このままでは完全な名詞句ではない．the story や Bill's story のように冠詞や所有格名詞が付いて初めて名詞句となる．冠詞や所有格名詞は，名詞とその補部で述べられている内容を詳しく限定する働きをするので，NP における指定部の役割を担っている．PP の場合も，just after the class や one hour after the class のように，副詞的要素が前置詞とその補部で述べられている内容を詳しく限定する働きをする．したがって，指定部は CP や IP ばかりではなく，VP, AP, NP, PP などあらゆる最大投射に現れることになる．この一般性を変数 X を用いて表すと，(5) のようになる．

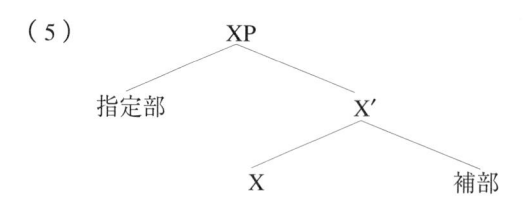

(5)

```
          XP
         /  \
      指定部   X'
             /  \
            X    補部
```

4.2 VP 重囲

3.1 節で併合という操作により IP や CP が組み立てられていくことを見た．併合は 2 つの要素(たとえば主要部 I とその補部 VP)を結合する働きをするのであるから，結果としてできる構造はどこの部分も二股枝分かれ(binary branching)になる(3.2 の (8)，4.1 の (1) (2) などの構造を参照)．VP 内主語仮説を採ると，主語は VP 指定部の位置に現れ，補部は，主要部と枝分かれしているもう一方の枝の下(補部位置)に現れる．(6a) のように補部が 1 つだけの句から成る場合にはうまくそこに納まるが，(6b) のように補部が 2 つの句から成る場合はいずれか一方の補部が納まらなくなる．

(6) a. [The ship] sank [under water].
b. [The pirates] sank [the ship] [under water].

(6a) と (6b) を比較してみると，項の数と意味の点で明確な相違が見られる．(6b) では，(6a) よりも項が 1 つ増し，使役の意味(「させる」の意味)が加わっている．「海賊が～させた」という具合に，(6b) で増加した項 (the pirates) と使役の意味とが関係している．D 構造において (6a) の VP が次頁 (7a) のような構造をしているとするならば，(6b) の VP は (7a) の上にもう 1 つ VP が付け加わっているものと仮定することができる．新たに付け加わる VP の主要部は使役の意味を持っている抽象的な動詞(ø と表示)であり，その範疇を v，その最大投射を vp と表すことにしよう．(7b) のような構造を仮定することにより，増加した項と使役の意味との関係を捉えることができ，しかも 3 つの項が納まる場所が確保される．(7b) では，v の補部位置に (7a) 全体が埋め込まれており，指定部のところに新たに加わった項が生じている．(7b) のように VP が積み重なっている構造を，VP 重囲(VP shell)という(vp も VP の一種である点に注意)．

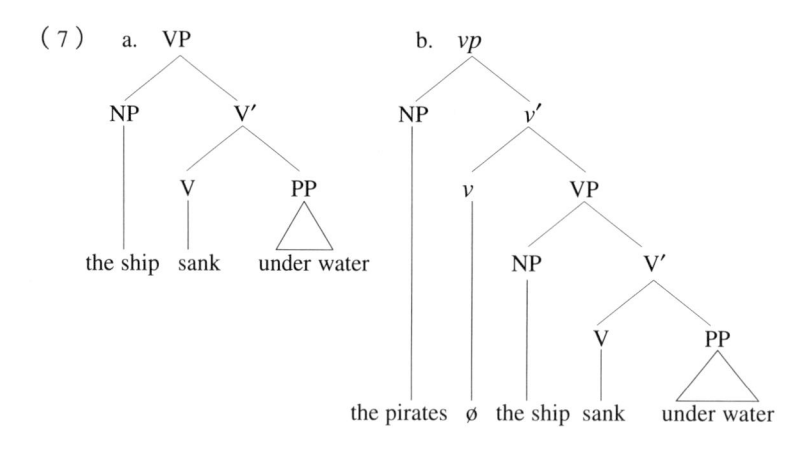

(7)　a.　VP
　　　　NP　　V'
　　　　　　V　　PP
　　　the ship sank under water

　　　b.　*vp*
　　　　NP　　*v*'
　　　　　　v　　VP
　　　　　　　　NP　　V'
　　　　　　　　　　V　　PP
　　　the pirates ø the ship sank under water

　(7a)ではこれまで通りに主語のNPがVP指定部からIP指定部へ移動して行き，(6a)が派生する．(7b)では主語NPの*vp*指定部からIP指定部への移動に加えて，*v*が抽象的な動詞であり1人立ちできないので，V (sank)が*v*のところへ移動し併合する．その結果(6b)のように，Vが2つの補部の手前に生ずることになる．補部を2つ取る他動詞は，sinkのように自動詞と交替することがない場合——すなわち*v*の補部として納まる(7a)のような自動詞構造がない場合——でも，(7b)のようなVP重囲構造になっているものと考えられる．たとえばputやprovideなどの他動詞は対応する自動詞を持たないが，動詞句の構造が(7b)のようなVP重囲構造になっている．さらに，動詞が状態ではなく動作性・他動性を表す場合には，補部の数に関わりなく，常に抽象的な動詞*v*（動作性を表す要素）が存在するものと考えられる（⇒ 4.4）．

　(7b)のように2番目の補部がVPの指定部に現れるようになった結果，補部はunder waterのように主要部の補部位置に現れるものと，the shipのように指定部位置に現れるものがあることになる．

　2.1の(5b)で，補部の数は多くても2つまでであると述べた．動詞句の構造がどんなに複雑でも，VPと*vp*から成るVP重囲構造であるとするならば，そこに納まる項の数は3つに限られる．そのうちの1つが主語であるのだから，補部の数はたかだか2つに限られることになる．

4.3 主語の繰り上げ

　D 構造で VP 指定部にあった主語が，なぜ IP 指定部のところに移動して行くのだろうか．移動せざるを得ない理由がありそうだ．

　英語では主格とか目的格という格変化が衰退してしまっているが，名詞句が代名詞の場合には明確な格変化が見られる．主格代名詞は，定形節 (finite clause) の主語の位置にのみ生じることができる．

　(8)　a.　*He* loves the girl. / *He* will win.
　　　　b.　*The girl loves *he*. / *I expect *he* to win.

定形節というのは，時制変化した動詞や法助動詞を含む文——本書の立場で言えば，I として Tense や法助動詞を含む IP——のことを指す．p. 75 の (1) のように D 構造において VP 指定部に生じている主格代名詞は，したがって，それが現れるべき正当な位置，すなわち IP の指定部位置へと移動して行かなければならない．代名詞以外の NP の場合についても，表面的な格変化はしていないが「格に関する情報」を持っていると仮定するならば，主語となる NP はいずれも主格 (nominative) に関する情報——[Nom] という素性 (feature) で表すことにしよう——を持っていることになる．素性 [Nom] を持つ NP はいずれも VP 指定部から IP 指定部へと移動して行く．

　では何がそのような移動を促すのであろうか．主格 NP は定形節の主語位置にのみ生じるということは，定形節の主要部 I の立場からすると，I はその主語として常に素性 [Nom] を持った NP を求めているわけである．そこで I の方も，素性 [Nom] を持っていると仮定することにしよう．同じ情報を持っている要素は，磁石と鉄片のように求め合い，引き付け合う．[Nom] を持った I を磁石，[Nom] を持った NP を鉄片に譬えると，I は NP を引き寄せることになる．I と NP は素性 [Nom] の点で一致しているかどうか照合 (checking) を受けることになり，一致している場合には，I の磁気(すなわち [Nom] という情報)が消滅する．鉄片の NP は素性の一致の照合を受けるために，磁石の I の近くに移動していくのである．

(9)

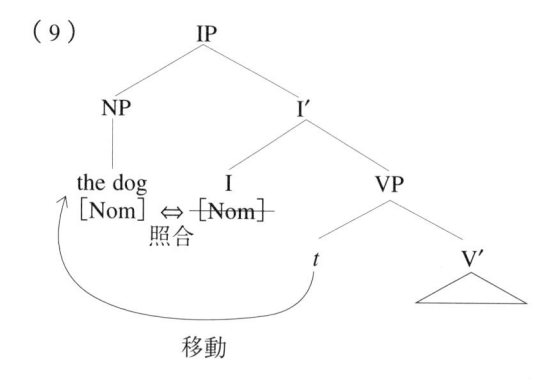

```
           IP
          /  \
        NP    I'
         |   /  \
    the dog I    VP
      [Nom] ⇔ [Nom]  \
              照合    V'
                t
```
移動

4.4 目的語の繰り上げ

　主格 [Nom] の照合が，IP の主要部 I と指定部 NP との間で行われると同じように，もう 1 つの格に関する情報——すなわち目的格 (objective) に関する情報 (素性 [Obj] で表示)——も，主要部と指定部の NP との間で行われるものと考えられる．目的格の NP が現れるのは動詞が他動詞の場合に限られるのであるから，[Obj] の照合は，VP の内部で他動詞とその指定部との関係で行われることになる．他動詞が They sank the ship under water のように 2 つの補部を取る場合には，目的語が VP の指定部に現れており，指定部・主要部の関係の元で [Obj] の照合が行われる．

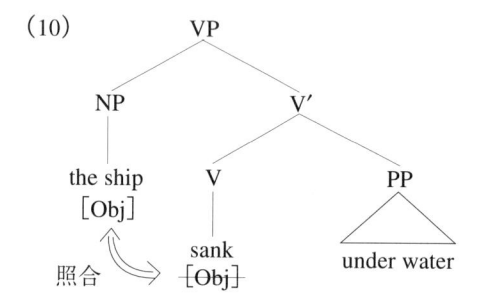

(10)
```
            VP
           /  \
         NP    V'
          |   /  \
     the ship V    PP
       [Obj] sank
        照合 [Obj]  under water
```

　一方他動詞が目的語のみを補部として取る場合には，動詞と目的語 NP が併合する（下記 (11a)）．目的語は指定部位置にないので，そのままでは

[Obj] の照合を受けることができない．そこで，[Nom] を持った NP が I に引き寄せられて指定部へ移動したと同じように，[Obj] を持った目的語の NP は V に引き寄せられて VP の指定部へ移動していく（11b）．

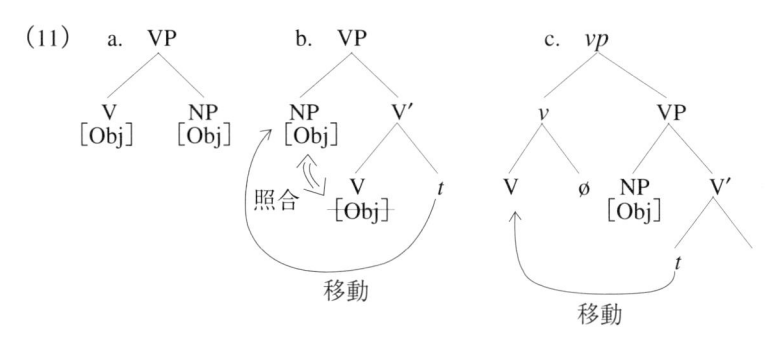

(11) a. 　　　VP
　　　　　 ／＼
　　　　　V　 NP
　　　　[Obj] [Obj]

　　 b. 　　　VP
　　　　　 ／＼
　　　　　NP　 V′
　　　　[Obj] ／＼
　　　 照合　V　 t
　　　　　[Obj]
　　　　　　移動

　　 c. 　　　vp
　　　　　 ／＼
　　　　　v　 VP
　　　　　 ／＼
　　　　V ø　 NP　 V′
　　　　　　[Obj]　 t
　　　　　　　移動

　他動詞は全般に動作性・他動性を持っているので，(10) も (11b) も他動性を表す v と併合する（⇒ 4.2）．V は v のところへ移動して行き，その結果 V–目的語の語順となる（(11c) 参照）．(11b) で目的語 NP が VP 指定部へ移動することができるのは，他動詞では補部が 1 つの場合でも VP の上に vp が積み重ねられ，主語 NP が vp の指定部に生ずるので，VP の指定部の位置が利用可能な状態になっているからである．

　2.1 の (5c) で補部の語順に関して，NP は常にほかの種類の範疇（PP, S）よりも手前（すなわち，主要部のすぐ後ろ）に生ずることを見た．これは，(10)(11b) からも明らかなように，目的語の NP は常に VP（より一般的には XP）の指定部位置で格素性の照合を受けなければならないからである．V が v のところへ移動して行くと，VP 指定部内にある目的語 NP が，V の直後（PP, S よりも手前）に生ずることになる．

　では 2.1 の (5c) に述べられている PP > S という語順はどのようにして決まるのであろうか．PP は全体で，一種の「NP の拡張版」と見ることができる．実際 NP と PP は色々な点でよく似た振る舞いを示す．たとえば，NP と PP に限りいわゆる強調構文（分裂文）の焦点の位置に生じることができる．

(12) 　　a. It is the expensive jewel that John gave to Mary.（NP）

b. It is to Mary that John gave the expensive jewel. (PP)
　　　c. *It is that John bit a dog that Mary told us. (S)

　そこでNPが主格とか目的格などの格を持っていると同様に，PPも独自の格——斜格 (oblique)——を持っているものと考えられる．PPは，Vによる格素性の照合を受けることはないが，独自の格を持っているので，VPの指定部に現れることが許されるものと仮定することにしよう．NPは指定部に現れなければならないのに対して，PPは現れてもよい．一方CP (=S) は一種の「VPの拡張版」であり，格などとは無縁である．したがってVPの指定部に現れることができない．

　(13)　a. NPは指定部に生じなければならない．
　　　b. PPは指定部に生じてもよい．
　　　c. CPは指定部に生ずることができない．

　補部としてPPとCPが取られる場合には，指定部に現れることが許されているPPが指定部の位置に，指定部に現れることが許されないCPがVの補部位置にそれぞれ生ずることになる．

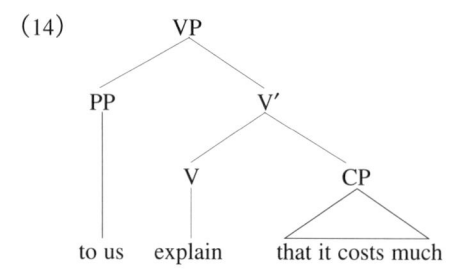

　(14)
```
         VP
        /  \
       PP   V'
            / \
           V   CP
               /\
              /__\
    to us  explain  that it costs much
```

　VPの左側にvが併合し，次にVがvのところへ移動するとV–PP–CPの語順になる．そのためにPPはCPよりも主要部に近い位置に生ずるのである．NP > PP > Sという補部相互の語順は，(13) に示した指定部に生ずる可能性の相違に由来している．

5. 名詞句移動

5.1 主語への繰り上げ構文

　主語 NP の IP 指定部への移動が，4.1 で見た事例よりももっとはっきりした形で見られる構文がある．下記 (1) の主文主語は，もともと補文の主語であったと考えられる．たとえば，いわゆる不完全動詞の主格補語は数の点でその主語と一致していなければならないが，(1) の補文には主格補語 good doctors と一致すべき主語が見あたらない．にもかかわらず，主文主語が主格補語同様に複数形であるならば文法的であるのに対して，単数形だと非文法的となる．主文主語が元来補文の主語であったと仮定するならば，補文の内部で主語と主格補語が数の点で一致している．

(1) a. They seem to become good doctors. (cf. They become good doctors.)
　　 b. *He seems to become good doctors. (cf. *He becomes good doctors.)

補文主語 they が主文の IP 指定部のところへ移動するのも，they と主文 I が共に素性 [Nom] を持っており，後者が前者を引き寄せるからである．補文主語が主文主語のところへ繰り上げられているので，(1) のような構文を繰り上げ (raising) 構文という．

　繰り上げ構文の派生過程をもう少し詳しく見てみよう．VP 内主語仮説に従うと，補文主語はもともと補文 VP (become を主要部とする VP) の指定部にある．したがって they は，D 構造では補文 VP の指定部にあり，それがまず補文 IP の指定部へ移動する．主文 VP の指定部にも主語が現れ得るが，(1) では主文独自の主語がないので，その位置には何も生じていない．そこで，補文主語のところにある they は，主文 VP の指定部に立ち寄って一服し，最後に目的地である主文 IP の指定部へ移動して行く．

(2) 　[IP they [I' [VP t [V' seem [IP t [I' to [VP t [V' become a doctor]]]]]]]]

84　第2部　文の仕組み

　D構造の位置からS構造の位置へ一気に移動しないのは，移動操作には，次のような最短移動の原則（Shortest Movement Principle）と呼ばれる原則が働いているからである．

（3）　最短移動の原則: なるべく近くの移動可能な位置へ移動せよ．

主語のNPにとって移動可能な位置は，VP指定部とIP指定部である．したがって，まず補文VP指定部から最も近い移動可能な位置である補文IP指定部へ，次にそこから最も近い移動可能な位置である主文VP指定部へ，最後にそこから最も近い移動可能な位置である主文IP指定部へと，最短移動を反復的に繰り返しながら移動して行く．

　主語が繰り上がる際，移動可能な位置が既に何かによって塞がっている場合には，最短な移動が阻まれる．(4)では，(2)の主文と補文の間に，繰り上げを許す述語（likely）を含む節がもう1つ埋め込まれているが，その主語の位置が既にitで塞がっているので，下から2番目のVP指定部から一番上のVP指定部へ移動する際に，最短な移動が阻まれる．(4a)が非文なのは，theyの移動において最短移動原則の違反が生ずるためである．

（4）　a.　*They seem it to be likely to become good doctors.
　　　b.　[$_{IP}$ they [$_{I'}$ [$_{VP}$ t [$_{V'}$ seem [$_{IP}$ it [$_{I'}$ to [$_{VP}$ t [$_{V'}$ be likely [$_{IP}$ t [$_{I'}$ to [$_{VP}$ t [$_{V'}$ become doctors]]]]]]]]]]]]

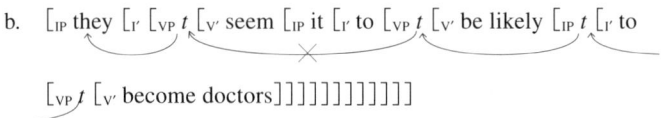

最短移動の原則は，さまざまな移動操作において重要な役割を果たす．

5.2　目的語への繰り上げ構文

　主語のNPがVPの指定部へ顕在的に移動することを示す構文もある．次の3文を比較してみよう．いずれの文においても，下線部と波線部が主語・述語の関係になっている．

（5）　a.　We think that he is crazy.

  b. We think him to be crazy.
  c. We think him crazy.

 (5b)(5c)のような文は，学校文法によると，下線部と波線部が別個の構成素を成しており，SVOC の文型と分析される．そうだとすると主文動詞 think は，(5a)では補部を 1 つ取っており，(5b)(5c)では 2 つ取っていることになる．しかも補部として，2.1 で述べたことに反して，NP, PP, S だけではなく，crazy のような AP も現れることになる．だが下線部と波線部が主語・述語の関係になっていることからすると，節(S)を構成していると見るのが自然である．(5)のいずれにおいても，think は補部として S を 1 つ取っているのである．

 (5b)の補文では，主語が主格ではなく例外的に目的格になっているので，例外的格表示(Exceptionally Case-Marked, 略して ECM)構文と呼ばれる．(5c)の補文は，補文標識も動詞も欠いた小さな節なので，小節 (small clause) と呼ばれる．

 ECM 構文および小節の主語は，(5b)(5c)の例からもわかるように，格素性 [Obj] を持っているものと考えられる．素性 [Obj] は VP において，他動詞 V との間で照合が行われる (⇒ 4.4)．そのために，補文主語の位置 (IP の指定部)から主文 VP の指定部へ移動して行かなければならない．

 もしこの移動が実際に行われているのならば，ECM 構文および小節の主語は，that 節の主語とは異なり，主文目的語としての振る舞いをするはずである．次の 3 文における代名詞の解釈を考えてみよう．(6a)では代名詞 he は Bill のことを指しているという解釈が可能だが，(6b)(6c)ではそうした解釈が許されない(文法性の判断はそうした解釈のもとの判断)．

(6) a. She proves that *he* was a spy by letting *Bill* steal secret document.
  b. *She proves *him* to be a spy by letting *Bill* steal secret document.
  c. *She discovered *him* dead with the tool *Bill* had invented.

一般に，代名詞の方がその先行詞よりも先に現れる場合には，後続する先行詞が主文に現れ，代名詞の方が補文に現れるという関係になければならない．(6a)では明らかに代名詞と先行詞がこうした関係になっている(by

以下が主文動詞を修飾する主文要素である点に注意)．一方 (6b) (6c) が非文であるのは，代名詞の方が先行詞よりも先に現れることができる条件を満たしていないからである．つまり代名詞 him は補文の中にあるのではなく，先行詞と同様に主文の中にあるのである．(6) における代名詞解釈の事実は，ECM 構文および小節では補文主語が主文目的語の位置に繰り上がっていることを示している．

補文主語が素性 [Obj] の照合を受けるには，VP の指定部が空いていなければならない．主文動詞が補部として節のほかに NP または PP を取る場合には，NP または PP が VP の指定部に現れる ($\Rightarrow$ 4.2)．したがって，補部として節のほかに NP または PP を取るような動詞は，ECM 構文や小節を許さないものと予想される．実際こうした動詞は，ECM 構文や小節を伴うことができない．

(7) a. *I told Mary him to be a spy.
b. *I explained to Mary him guilty.

5.3 受 動 文

能動文 (8a) に対応する受動文として (8b) がある．

(8) a. They sank the ship under water.
b. The ship was sunk under water.

名詞句 the ship と前置詞句 under water の θ 役割は，能動文，受動文どちらにおいても同じ(それぞれ主題，場所)である．能動文・受動文の対応を持つ動詞は他動詞であり，一般に能動形では動作性を含んでいる．一方受動形では動作性が影を潜め，主題にもたらされる動作の結果状態が中心となる．そこで動詞句の構造は，能動態が VP と動作性を表す *vp* から構成されていたのに対して(p. 78 の (7b) の VP 重囲構造を参照)，受動態では VP と状態を表す VP から成る VP 重囲構造と考えられる．状態を表す VP の主要部は be 動詞((8b) では was)である．

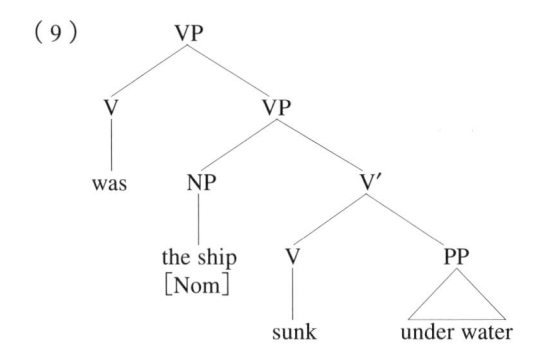

(9)
```
            VP
           /  \
          V    VP
          |   /  \
         was NP   V'
             |   /  \
         the ship V   PP
         [Nom]   |    △
                sunk  under water
```

　Be 動詞は，内側の VP で表される事態（船が水の下に沈められている）が存在することを表しており，独自の主語を持っていない．be 動詞は（v のような抽象的な動詞ではないので）sunk による支えを必要としない．受動態動詞は，もはや能動態の他動詞のように格の素性 [Obj] を持っていない．名詞句 the ship は格の素性 [Nom] の照合を受けるために IP の指定部を目指して移動して行く．その際，最短移動の原則に従い，最も近い移動可能な位置である外側 VP の指定部にまず立ち寄る．

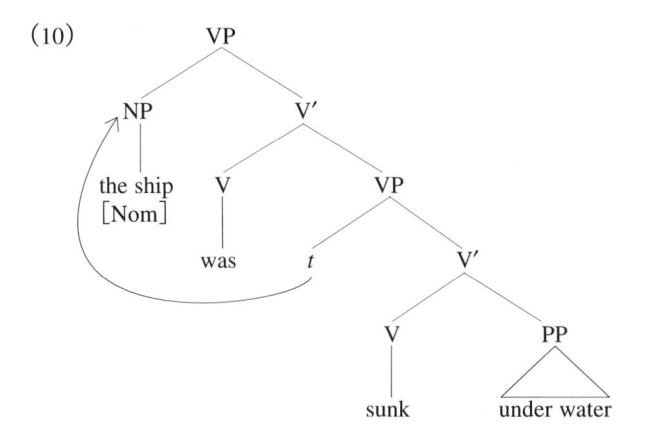

(10)
```
            VP
           /  \
          NP   V'
          |   /  \
       the ship V   VP
       [Nom]   |   /  \
              was t    V'
                      /  \
                     V    PP
                     |     △
                    sunk  under water
```

　外側の VP と I が併合して IP を作る．（was は I のところに繰り上がって行くのだが，詳細は第 6 章で述べる．）I は格の素性 [Nom] を持っているので，同じ素性を持っている the ship を引き寄せる．名詞句 the ship と IP

が併合して(IP は併合の結果 I' に格下げされ)，最終的に次のような構造を派生する．

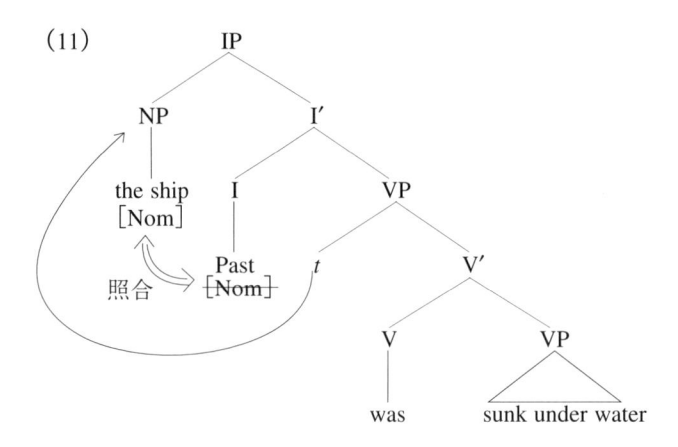

(11)

```
           IP
          /  \
         NP   I'
         |   / \
      the ship I  VP
       [Nom]  |  / \
             Past t  V'
      照合⇒ [Nom]   / \
                   V   VP
                   |    △
                  was  sunk under water
```

受動文では，(8b)からも明らかなように，動作主の by 句が無くても構わない．by 句は，受動態動詞にとって項ではなく，一種の副詞的前置詞句と見なせる．副詞的要素は一般的に随意的である．

5.4 存 在 文

下記 (12a) と (12b) はほぼ同義関係にあり，共に動詞として be，項として主題と場所を表す句を含んでいる．

(12) a. A ship will be under water.
b. There will be a ship under water.

存在を表す本動詞 be は場所句 PP と併合して VP を，その VP が主題の NP と併合して VP を作る (13a)．be 動詞は他動詞ではないので目的格の素性 [Obj] を持っていない．主格の素性 [Nom] を持った NP は I に引き寄せられ，IP の指定部へ移動する (13b)．

(13) a.　　　　VP
　　　　　　／　＼
　　　　　　NP　　V′
　　　　　 a ship　／　＼
　　　　　 [Nom]　V　　PP
　　　　　　　　 be　under water

　　　b.　　　　　IP
　　　　　　　／　　＼
　　　　　　NP　　　　I′
　　　　　 a ship　／　　＼
　　　　　 [Nom]　I　　　VP
　　　　　　　　will　　／　＼
　　　　　　　　[Nom]　t　　V′
　　　　　　　　　　　　　／　＼
　　　　　　　　　　　　 V　　PP
　　　　　　　　　　　　 be　under water

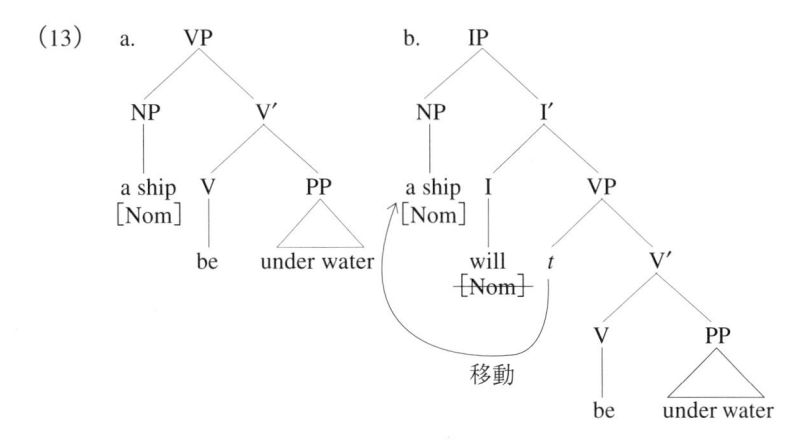

　　　　　　　　　　移動

　A ship のような不定冠詞を持った NP は，複数の中の一部分——たとえば海賊が狙っている 10 艘の中の 1 艘——を表すことがある．このような用法を，不定冠詞の部分的用法（partitive use）という．部分的用法では，NP は（主格ではなく）「部分格」（partitive case）という特殊な格を持っているものと仮定される．動詞の方も，ある特定のグループの自動詞（後述）に限り部分格に関する情報（素性 [Part] で表記）を持つことができる．本動詞 be もそうしたグループに属する動詞の 1 つであり，素性 [Part] を持ち得る．(13a) の NP および V が [Part] を持っている場合には，VP の指定部・主要部の関係において格情報の照合が行われる．したがって NP は IP の指定部へ移動する必要性がない．英語では必ず主語の位置（IP の指定部）に何らかの要素が生じなければならないので，VP 内主語が移動しない場合には，特別な意味を持たない虚辞 there が併合する．(13a) の VP に I が併合して IP，さらにその IP に there が併合して IP を作ると，(12b) の存在文が派生する．（各自それぞれの併合によって生ずる構造を図示してみよ．）

　存在文に生ずる動詞として，be 以外に，exist, remain, appear, happen など存在や出現を表す動詞が挙げられる．

(14)　a.　There exist some mistakes in his paper.
　　　b.　There appeared a ship on the horizon.

出現を表す動詞の場合も，存在を表す動詞と同様に，出現の結果もたらされる存在状態に焦点が当てられる．こうした存在状態を表す動詞を非対格動詞 (unaccusative verbs) と呼ぶ．be 動詞も非対格動詞の 1 つであり，非対格動詞は一般に (13a) のような構造——すなわち VP が主題と場所を表す項から成り，vp に囲まれていない動詞句——を持っている．[Part] を持ち得る動詞とは，部分的存在の状態を表すような動詞，つまり非対格動詞のことである．非対格動詞が [Part] を持つ場合，(13b) の派生で見た通り，VP 内の主語が移動せずに，代わりに there が IP 指定部に併合して存在文が派生する．

存在文でいわゆる意味上の主語(VP 内の主語)が一般的に不定なものに限られるのは，主語の NP が，全体の中の不特定の一部を表す素性 [Part] を持っている場合に限られるからである．

6. 主要部移動

次の受動文や存在文の yes-no 疑問文を見てみよう．

(1) a. Will the ship be sunk?
    b. Was the ship sunk?
(2) a. Will there be a ship under water?
    b. Was there a ship under water?

Yes-no 疑問文では，主語と助動詞が倒置すると言われる(Will he win? 参照)．(1a) (2a) では法助動詞 will が倒置されており，be は倒置の対象となっていない．be 動詞は p. 89 の (13) で見た通り本動詞であり，VP の主要部に位置を占めているからである．ところが (1b) (2b) では，be 動詞の was が倒置の対象になっており，あたかも助動詞のように振る舞っている．

Be 動詞は，ほかの動詞と同様に時制変化したり，進行形や完了形になったり，法助動詞の後ろで原形になったりするので，本動詞の 1 つである．ところがほかの動詞とは異なり，独自の明確な意味を欠いており，意

味的に「軽い」動詞である．意味的に軽いという点では，法助動詞などと似ている．そこで be 動詞は元来本動詞である(それゆえ VP の主要部にある)のだが，I のところに法助動詞がないときにはその位置へ移動して行くものと考えることができる．

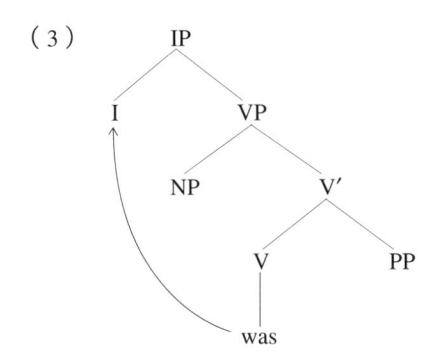

(3)

```
         IP
        /  \
       I    VP
       ↑   /  \
       |  NP   V'
       |      /  \
       |     V    PP
       |     |
       └─── was
```

主要部 V からほかの主要部 I への移動なので，主要部移動 (head movement) と呼ぶ．p. 87 の (10) でも，正確には was が I のところへ主要部移動している．be 動詞以外の非対格動詞は，明確な意味を持っており，意味的に軽くはないので I へ主要部移動することはない．なお完了形の have も be 動詞と同様に，時制変化したりするので元来本動詞であるが，意味的に軽いので，法助動詞がない場合には I のところへ主要部移動する．

(1) (2) において文頭に倒置している will や was は，どのような構造的位置に現れているのであろうか．3.2 で主文も補文と同様に，CP から構成されていることを見た (p. 74)．したがって主要部 I の上に，もう 1 つ主要部として C があることになる．倒置された助動詞は主要部 I の位置からもう 1 つの主要部 C の位置へ移動して行く．この移動も主要部から主要部への移動なので，主要部移動である．(1b) (2b) では was が，まず V から I へ，次に I から C へと，最短移動の原則 (⇒ 5.1 (3)) に従いながら主要部移動を繰り返している．

(2a) において will ではなく be が C へ主要部移動すると，(4a) のような非文が生じる．

(4) a. *Be there will a ship under water?
　　 b. [[_C Be] [_IP there [_I will] [_VP a ship [_V' t under water]]]]

主要部 V にある be にとって最短の「移動可能」な位置は主要部 I であるが，その位置は法助動詞 will によって塞がっている．やむを得ず C のところへ移動すると，最短移動の原則 (5.1 (3)) に違反する．そのために (4a) は非文となる．

7. WH 移 動

下記 (1) の wh 疑問文では，倒置された助動詞 will のさらに手前に wh 句 (疑問詞) が現れている．

(1) 　Who(m) will the report surprise?

倒置された助動詞は主要部 C の位置を占めているのであるから，wh 句はさらにその左側の位置を占めている．主要部 C の左側に CP 指定部の位置がある．wh 句はその CP 指定部に現れている (⇒ p. 73 (8))．

文頭にある who(m) は D 構造の段階では他動詞 surprise の目的語であり，それが CP の指定部へ移動して行ったものと考えられる．そのために (1) では，動詞が他動詞であるにもかかわらず動詞の後ろに目的語が現れていない．また surprise の目的語が人間を表す NP に限られると同じように，文頭の疑問詞も人間を表す疑問詞 (whom, who, which person など) に限定される．(1) では，まず will が C へ主要部移動し (すなわち，IP と C が併合して CP を作り)，続いて who(m) が VP の中から CP 指定部へ移動する (すなわち，CP と who(m) が併合して CP を作る)．wh 句の移動を WH 移動 (WH movement) という．

wh 句の CP 指定部への移動は，主語 NP の IP 指定部への移動によく似ている．どちらの移動においても，最大投射 XP が D 構造とは別の位置——しかも指定部位置——へ移動して行く．ところが IP 指定部と CP 指定部は，いくつかの点で性質を異にしている．IP 指定部は，S 構造において主語の現れる位置であり，文の中核をなす (主語・述語関係が成立

する)位置である．一方 CP 指定部は，文の中核から外れる周辺的な位置
である．また IP 指定部にはもっぱら NP が現れるが，CP 指定部にはさ
まざまな種類の範疇が生ずる．

（2） a. What will you buy? (NP)
　　　 b. How tall is he? (AP)
　　　 c. To whom will you give the present? (PP)

さらに IP 指定部には D 構造において格の照合を受けていない要素が移動
してきて，IP 指定部で照合が行われる．たとえば VP 指定部にある NP は
その位置では格の照合を受けずに，IP 指定部に移動してきてから照合を
受ける．一方 NP の wh 句が CP 指定部へ移動する場合，既に格の照合を
受けた NP が移動してくる．たとえば (2a) では，目的語の what が既に
VP 指定部において格の照合を受けている（⇒ 5.2）．IP 指定部は格に関係
した位置であるのに対して，CP 指定部は格に無縁な位置である．

こうした相違からして，IP 指定部(および格が関係するようなほかの指
定部)を A 位置 (A-position)，CP 指定部(および格が関係しないようなほ
かの指定部)を A′ 位置 (A′-position) と呼び，区別する．A 位置への移
動を A 移動 (A-movement)，A′ 位置への移動を A′ 移動 (A′-movement)
という．第 5 章で見た移動はいずれも A 移動であるのに対して，本章の
wh 移動は A′ 移動である．

A 移動を促したのは，主要部と移動要素が共有している格素性の照合で
あった．同様に A′ 移動を促すのも，何らかの素性の照合と予想される．
wh 句が移動して行く CP 内の主要部 C は，文(または節)のタイプを示す
働きをする．たとえば補文標識として that が現れている C は，それに続
く節が平叙節であることを (3a)，一方補文標識として whether が現れて
いる C は，それに続く節が疑問節であることを (3b)，それぞれ示してい
る．

（3） a. I think that the boy bit the dog.
　　　 b. I wonder whether the boy bit the dog.

平叙節，疑問節という文タイプを [− WH]（「疑問ではない」の意味），

[+WH]（「疑問である」の意味）という素性で表すならば，平叙節の主要部 C には素性 [−WH] が，一方疑問節の主要部 C には素性 [+WH] があるものと仮定される．そうだとすると，(4a) の間接疑問節の主要部 C にも，(4b) の直接疑問文の主要部 C にも素性 [+WH] があることになる．

(4) a.　I wonder [$_{CP}$ what C [the boy bought]]
　　　　　　　　　　　　　　[+WH]

　　 b.　[$_{CP}$ what [$_C$ will] [the boy buy]]
　　　　　　　　　[+WH]

wh 句の方にも素性 [+WH] が与えられているとすると，wh 句は主要部 C との間で素性 [+WH] の照合を行うために C に引き寄せられることになる．A 移動と A′ 移動は照合の対象となる素性の種類は異なるが，どちらも素性照合という目的のために移動が行われる．

　Wh 句の移動可能な位置は CP 指定部である．したがって補文内の wh 句が移動する際には，最短移動の原則に従い，最も近くの移動可能な位置，すなわち補文の CP 指定部へ移動しなければならない．補文の CP 指定部が既にほかの wh 句によって占拠されている場合には，補文内の wh 句はやむを得ず主文の CP 指定部に移動して行かざるを得ない．そのような移動は最短移動の原則 (5.1 (3)) に違反するので，非文を生み出す．

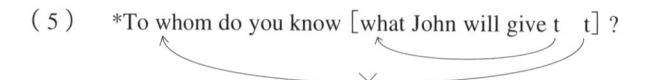

(5)　　*To whom do you know [what John will give t　　t]?

なお文法的な (3a) (4b) において，wh 句が主語を飛び越して移動しているにもかかわらず最短移動原則の違反が生じていないのは，主語の位置（IP 指定部）は A 位置であり，A′ 移動にとって「移動可能な位置」ではないからである．A 移動にとっては A 位置，A′ 移動にとっては A′ 位置，主要部移動にとっては主要部位置がそれぞれ移動可能な位置であり，それらの最短の移動可能な位置を飛び越して移動すると，最短移動原則の違反が生ずる．

　1 つの節に複数の wh 句が含まれることがある．そのような場合には，

それらのうち1つだけがCP指定部へ移動する．だがどちらのwh句がCP指定部へ移動しても構わないというわけではない．

(6) a. Who *t* bought what?
　　 b. *What did who buy *t*?
(7) a. I don't know who he persuaded *t* to see whom.
　　 b. *I don't know whom he persuaded who to see *t*.

(6)(7)に共通していることは，構造的により高い位置にあるwh句の方が移動している(a)は文法的であるが，低い位置にあるwh句の方が移動している(b)は非文となっている．(6)では主語whoの方が，目的語whatよりも構造的に高い位置にある．(7)ではpersuadeの間接目的語whoの方がその補文の目的語whomよりも構造的に高い位置にある．wh句を引き寄せる主要部Cの観点から見れば，構造的に高い位置にあるwh句の方がそれに近いことになる．ここでも，最短移動原則が(少し形を変えて)働いている．

8. 右方移動

これまで見てきた移動はいずれも，最大投射XPまたは主要部を元あった位置よりも左側へ移動する左方移動(leftward movement)であった．英語には，最大投射を右側へ移動する右方移動(rightward movement)もある．次の例文(a)の斜体部を右方へ移動すると(b)の文が派生する．(1)では，たくさんの要素から構成される「重い」名詞句が文末へ移動されている．重い名詞句を移動するので，重名詞句移動(Heavy NP Shift)という．(2)では目的語の一部であるPPが，(3)ではCPがそれぞれ文末へ移動されている．目的語の一部を切り離して文の外側へ移動するので，目的語からの外置(Extraposition from Object)という．

(1) a. I called *my American friend in England* last night.
　　 b. I called *t* last night *my American friend in England*.
(2) a. Noam published a book *about the horrible Vietnam war* from a

famous publisher.
   b. Noam published a book *t* from a famous publisher *about the horrible Vietnam war*.
(3) a. I found a quotation dictionary *which cites Chomsky's well-known nonsense sentence* in the main library.
   b. I found a quotation dictionary *t* in the main library *which cites Chomsky's well-known nonsense sentence*.

外置は主語の名詞句から行われることもある．主語からの外置 (Extraposition from Subject) も，移動される構成素が PP の場合と CP の場合がある．

(4) a. A student *with a bandanna around his head* came in.
   b. A student *t* came in *with a bandanna around his head*.
(5) a. The rumor *that he bit a dog* is circulated.
   b. The rumor *t* is circulated *that he bit a dog*.

右方移動は，これまで見てきた左方移動と重要な点で1つ異なる．左方移動は，主要部移動，A 移動，A′ 移動の如何を問わず，適用が義務的である．適用しないと文法的な文が生じてこない．

(6) a. *What he *will* buy? / What *will* he *t* buy? (主要部移動)
   b. *Is respected *the teacher*. / *The teacher* is respected *t*. (A 移動)
   c. *Will he buy *what*? / *What* will he buy *t*? (A′ 移動)

一方，右方移動は，適用が随意的である．(1)-(5) の (a) から明らかなように，右方移動が適用しないままでも，文法的である．

A 移動，A′ 移動では共通して，最大投射が指定部位置(すなわち XP と併合して，結果的に X′ の左側姉妹となる位置)へ移動して行く．指定部への移動を促しているのは，素性の照合であった．一方，右方移動では，何らかの構成素の右側に現れるのであるから，移動先は指定部位置(X′ の左側姉妹位置)ではない．そこで右方移動は，何らかの最大投射へ付加する (adjoin) ものと考えよう．付加も併合の一種であるが，これまで見て

きた併合とは異なり，ある要素 α がある最大投射 XP へ付加しても，元の XP が X′ へ格下げされることはない．右方移動された要素 α がある最大投射 XP へ付加すると，XP の上にもう 1 つ同じ範疇 XP が積み上げられ，(7) のような構造が派生する．

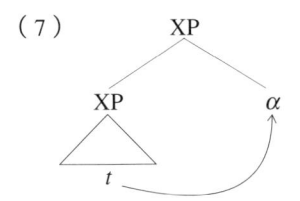

(7)

```
         XP
        /  \
       XP   α
      /|    ↑
     / |    |
    /  t____|
```

　VP 内から右方移動された要素(すなわち，重名詞句移動された目的語や，目的語から外置された PP や CP)は VP に，また IP から右方移動された要素(すなわち，主語から外置された PP や CP)は IP にそれぞれ付加されるものと考えられる．というのは，(8) に見るように VP という構成素を前置する操作(VP 前置)が適用する際に，VP 内から右方移動された要素(斜体部)は，前置される VP の内部に含まれるが，IP から右方移動された要素はその中に含まれないからである．

(8)　　a.　I have expected that he will confess to me *all his faults*, and [$_{VP}$ confess to me *all his faults*] he will.
　　　　b.　John said that he would call people up *who were from Tucson*, and [$_{VP}$ call people up *who were from Tucson*] he will.
　　　　c.　*Bill expected that people would appear soon *who help his parents*, and [$_{VP}$ appear soon *who help his parents*] people will.
　　　cf.　Bill expected that people would appear soon *who help his parents*, and [$_{VP}$ appear soon] people will *who help his parents*.

右方移動された要素 α (斜体部)が VP に付加し，VP 付加構造((7) の XP が VP に置き換えられた構造)を作るのであれば，VP 前置が構成素 VP 全体を移動する際に，α も移動の対象に含まれる．一方 α が IP に付加しているのであれば，α は VP 前置による移動の対象からは外れる．(8a) (8b) で右方移動された斜体部が移動の対象に含まれているということは，VP

内から右方移動された要素がVPに付加しているということを示している．(8c)で右方移動された斜体部が移動の対象に含まれると非文となるということは，IP内から右方移動された要素がVPではなく，IPに付加しているということを示している．

IPから右方移動された要素は文副詞(下記(9)のapparentlyなど)の後方に現れることができるが，VPから右方移動された要素はそうすることができない．

(9) a. A change *t* appeared obviously *which we expected of him*.
    b. *John saw all the guests *t* apparently *who came from Haiti*.
    c. *John saw *t* apparently *all the guests from Haiti*.

文副詞は，主語と述部のまとまり(すなわちIP全体)を修飾しているのであるから，IPに属していると考えるのが自然である．(9a)では斜体部が正しく，文副詞を含んだIPに付加しているので文法的である．それに対して(9b)(9c)では，斜体部がVPに付加しなければならないにもかかわらず，IPに付加しているために非文となっている．

(9b)(9c)が非文である原因は，最短移動原則(5.1(3))の違反に帰することができる．VP内からの右方移動にとって最も近い可能な移動位置はVPに付加する位置である．そこを飛び越してIPに付加しているために，最短移動原則の違反が生じている．(9a)では，IP内からの右方移動にとって最短の移動可能な位置(すなわちIPへの付加位置)に移動しているので，同原則を守っている．最短移動原則は，3種類の左方移動(主要部移動，A移動，A′移動)ばかりではなく，右方移動にも働いている．

9．まとめ

第2部では，文を構成している句の仕組みと，句が結合されてできる文の仕組みを中心に見てきた．句の構成には，範疇の種類を問わずに，次のような共通性があることを見た．こうした共通性が成り立つのは単なる偶然ではなく，句構造の原則に起因していることを括弧内の節で述べた．

(1) a.　主要部 > 補部　　　　　　(⇒ 2.3)
　　 b.　補部の数は2つまで　　　 (⇒ 4.2)
　　 c.　補部の種類は NP, PP, S　(⇒ 2.4)
　　 d.　NP > PP > S　　　　　　 (⇒ 4.4)

　句を他の語や句と併合することによって文ができる．さらに句の結合に変化を加えることによりさまざまな構文(繰り上げ構文，受け身文，存在文，疑問文，外置文，重名詞句移動構文など)が作られる．変化を加える働きをするのが，移動操作であった．移動操作も併合の一種である．

　移動操作には，要素を左方に移動するもの(左方移動)と右方に移動するもの(右方移動)がある．左方移動には主要部を移動するものと最大投射(XP)を移動するものがあり，後者には A 位置へ移動するもの(A 移動)と A′ 位置へ移動するもの(A′ 移動)がある．

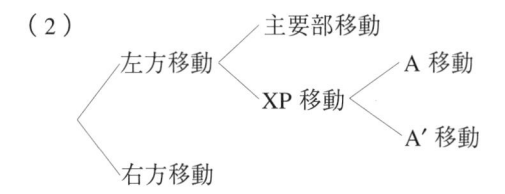

(2)　　　　　　　　　主要部移動
　　　　　　左方移動 〈
　　　　　　　　　　　　　　　　A 移動
　　　　　　　　　　　XP 移動 〈
　　　　　　　　　　　　　　　　A′ 移動
　　　　　　右方移動

これらの移動は共通して，最短移動の原則 (5.1 (3)) に従うことを見た．
　句の構成も要素の移動も，表面的には多様であり，規則性などないかのように見えるが，その背後には一般性の高い原則や共通性が潜んでいる．そうした原則や共通性に従ってことばが作り出されているのである．発話の背後にある規則性や原則を見つけ出すのが，統語論の重要な課題である．

10. 生成文法と認知

10.1 生成文法と認知言語学

　第2部でこれまで見てきたのは，言語研究の中で統語論（syntax）と呼ばれる領域であり，またその分析方法は，主に生成文法（generative grammar）といわれるアプローチによるものである．生成文法は今日では統語論研究のいわば標準理論であるので，その理論的背景などについては解説せずに，もっぱら具体的な英語の分析について示してきた．しかし第4部で理論的背景を異にする認知言語学が取り上げられ，その観点から生成文法のことが紹介されるので，生成文法の理論的背景について少し詳しく見ておくことにしよう．

　生成文法は1950年代にアメリカの言語学者Noam Chomskyによって提唱され，その後アメリカを中心に世界中で，言語研究の分野ばかりではなく人間の精神活動の研究に多大な影響力を発揮し続けてきた言語理論である．そのために言語研究の分野では「チョムスキー革命」を引き起こし，人間の研究全般に「認知革命」（cognitive revolution）を引き起こしたと評されている．第4部で取り上げられる認知言語学もことばと認知の関係を正面に据えて研究しているが，生成文法もその初期から言語研究を通じてこころの認知メカニズムの究明に大きく貢献してきている．

10.2 ことばのモジュール

　生成文法も認知言語学も共に認知（cognition）のことを問題にしているが，両者の最も基本的な相違は，認知の構成，その獲得，および統語と意味との関係に関する見解にあるように思われる．認知というのは，ことばをはじめとして，視覚，聴覚，記憶，認識，推論，状況判断，計算，思考，学習，感情など，脳で営まれる高次な精神活動のことを指す．認知言語学では，これらの認知活動は基本的に共通の基盤の上で行われており，ことばと他の認知活動とは不可分であるという立場に立つ．ことばの構造

や仕組みは他の認知活動のそれらが反映されたものであり，それゆえことばだけに固有な構造や仕組みなどあり得ないと主張する．

　一方生成文法では，それぞれの認知活動を行う能力(認知能力)は独自のモジュール (module) を構成していると考える．モジュールというのは，独自の目的や機能を持ち，独自の構成をしている1つの独立した機構のことを意味する．ことばの能力(言語能力)も1つの独立したモジュールをなしており，ことばに特有な操作や原理・原則を持っている．ことばをはじめとする高次な精神活動は，さまざまなモジュールが複雑・密接に連携して行われている．言語研究では，実際には複雑に絡み合っているモジュールを解きほぐして，ことばのモジュールについてその仕組みや構成を明らかにしようと試みるのである．

　ことばの1つの特徴は，第1章で触れたように，語(単語)が結びついて無限に文によるメッセージを作り出せるということである．語は，the や boy，smiled のように1つ1つが独立しており，互いに分離することができる．語が結びついてできる句も，NP (the boy) や VP (smiled at her) のように他の句から分離することができる．こうした離接的な (discrete) 要素を対象にして，それらに併合 (merge) という操作を加えて結合したり，照合 (check) するために移動を行う．併合とか照合という操作を一種の計算機能と見なすと，ことばは離接的な要素に対する計算作用（computation）と見ることができる．離接的な要素に対する計算はことばに特有なものであり，同じく脳による認知活動である顔や空間の認識や，好き嫌いや快不快の感情などには見られないものである．しかもことばで用いられる離接的な要素は，名詞とか，名詞句，動詞，動詞句などといったことばに特有な，ことばにとってのみ意味を持つ(それゆえ，認識とか感情や計算など他の認知能力に還元できない)要素である．たとえば名詞ならば，boy や desk のように物の名称を表すものでも，discovery や trial のように動作・出来事を表すものでも，surface や kindness のように場所や性質を表すものでも，ことばとして均質の性質(たとえばいずれも主語の位置に生じる，動詞と数の一致を示すなど)を持っている．ことばのモジュールは，こうしたことばに特有な要素や操作から構成されている．

第2部の随所で「最短移動の原則」に触れた．要素が移動する際，最も近くの移動可能な位置へ移動することを求めたものである．この原則は，人間は問題解決にあたり最小限の労力による解決方法を探るという，Zipf (1965) の最小労力の原則（Principle of Least Effort）と類似している．最小労力の原則は記憶や視覚，運動など他の認知活動においても働いているので，最短移動の原則が最小労力の原則と源を同じにしているのであれば，ことばに特有な原則ではないことになるかもしれない．だが最短移動の原則で言及されている「移動可能な位置」とは，A移動にとってはA位置，A'移動にとってはA'位置，主要部移動にとっては主要部位置などのように移動の種類によって異なっており (p.94)，これらの位置は離接的な要素から作られる表示に基づいて定義されるような概念である．したがって最短移動の原則は，他の認知能力の原則に帰することができない，ことばに特有な原則である．

　生成文法の初期に「Aの上のA原則」（A-over-A Principle）という原則が提案されたことがある．ある範疇Aの内部に別のAという範疇が埋め込まれている場合には，外側の(つまり，より大きい) Aの方に規則が適用されなければならないという原則である．たとえば下記 (1) の斜体部はNPであり，その中に埋め込まれているより小さなNP (疑問詞) を移動することができない．

（1）　*[NP What] did you see [NP the man who bought t]?

　Aの上のA原則は，物事を認識する時により際立った外観から処理が行われるといった認識一般の原則であるかのように思われるかもしれない．しかし (1) のような関係節から要素を取り出す場合，その要素の範疇が関係節を含むNPと異なっていても (つまりAの中にA以外の範疇が埋め込まれていても)，その適用が阻まれる．

（2）　*[Adv Where] did you see [NP the man who bought the book t]?

このように要素の取り出しが阻まれるのは，文構造の特定の位置において特定の文法範疇が重囲している場合に生じることが明らかにされてきてい

る．ことばの規則の適用法に関する原則は，統語構造とか文法範疇ということばに固有な概念に基づいて定義される．

ことばの能力(言語能力)が他の認知能力と基盤を共有しているのではなく，相互に独立していることは，たとえば失語症(ことばの障害)の患者でも視覚や一般知力が良好に保持されているという事実や，逆にウイリアム症候群の子供は一般知力の IQ が 40〜50 程度であるにもかかわらずことばの使用には支障がないという事実などからも窺える．また聾唖者は運動器官の聴覚器官や発声器官に支障をきたしているが，手話という自然言語を使うことができる．健聴者と同様に自然言語の言語能力を持っているのである．

ことばが実際に使用される場合には，ことばに固有な能力(言語能力)のほかにさまざまな認知能力や知識，情報が連動する．たとえば，下記(3) B の発話から yes という答えが推意できるのは，聞き手が言語能力とは別に「日本人ならば寿司を食べる」という日本人の食生活に関する一般知識を働かせているからである．

(3) 　A: Does Taro eat sushi?
　　　B: He is Japanese.

A の目的語が sushi の代わりに pork になれば B の答えから常時 yes とか no ということが推察できるわけではなくなるし，太郎が Jewish であれば目的語が pork の場合，no を推意することになるであろう．これに対して下記(4)では，太郎が日本人であろうとユダヤ人であろうと，目的語が寿司であろうと豚肉であろうと，目的語の物を食べたことが常に含意されている．

(4) 　Taro managed to eat sushi.

(3)と(4)の対比は，ことばの知識(この場合意味解釈に関する知識)の中には一般知識や経験的知識に依存しない純粋に言語固有な知識があることを示している．

10.3 ことばの習得

　認知言語学と生成文法の 2 番目の本質的な相違は，言語知識の獲得（言語習得）に関する見解である．認知言語学では，言語能力が他の認知能力と共通の基盤の上に立っていると主張しているのであるから，その習得も「一般学習能力」のような共通の基盤に基づいて行われ，他の認知能力と平行して発達していくと考える．また言語習得のためには膨大な言語使用例に接することが必要であると主張する．一方生成文法では，言語能力の根本的な原理や原則が人間という種に生得的に備わっており，それゆえ言語習得にはごく限られた言語経験に曝されるだけで十分であるという立場を採る．生得的であるのだから，言語能力の中核は人間にとって普遍的である．普遍的であるといっても，言語間に相違があることは自明であり，そのために，地球上に 3,000 とも 6,000 とも言われる異なった言語が存在するのである．言語間の相違は，生得的に備わっているパラメータ（ことばのある性質に関する選択肢）の値が，特定の言語に曝されることによって決定されるためである．たとえば2.3 で主要部と補部の語順には，主要部が先行する「主要部先端型」と主要部が後続する「主要部末端型」があることを見た．この 2 つの選択肢は語順に関するパラメータであり，子供は習得過程にある言語に接することによりいずれか一方のタイプ（パラメータの値）を選択する．生成文法でも言語習得における言語経験の必要性を否定しているわけではない．生成文法では言語間の共通性と相違性を普遍的な原理とパラメータで説明しようと試みているので，原理とパラメータによる接近法（principles-and-parameters approach）と言われることがある．

　子供は習得する言語の相違に関わりなく，同じようなスケジュールに従って言語を獲得していく．生後 1～4 か月頃には音素（たとえば t と d）を区別できるようになり，7～8 か月になると喃語（特別な意味を持たない音節）を発するようになる．喃語期には自然言語に現れるあらゆる音のレパートリーが観察されると言われている．生後 1 年目前後に当該言語の初語が現れ，いわゆる 1 語文が用いられるようになる．1 歳半から 2 歳位に

なると2つの語が組み合わされ，文法の萌芽が見られるようになる．2歳半位になると3語文が現れ，どの言語においても急激な発達が見られる．5～6歳くらいまでには文法の習得がほぼ完了する．こうした共通のスケジュールが見られるのは，言語習得のプロセスが，生得的・生物学的に定まっているからである．

　5～6歳くらいまでの期間に子供が接することばの量は，その後一生の間に用いる量からするとごく僅かである．しかも子供の周囲で話されていることばには，言い間違いや言い淀みが含まれていたり，一貫性に欠けていたり，途中で途切れていたり，複数の話題が交錯していたりしていて，質的にも劣質である．習得の刺激となる発話は量・質ともにきわめて貧弱である．刺激の貧弱さ (poverty of stimulus) にもかかわらず，人間ならば誰もがことばを習得することができるのは，生得的に豊かな言語能力が備えられているからである．

　一般知力や運動能力，学習能力，計算能力などには個人差があるが，ことばは一般知力などに関わりなく誰でもが習得することができる．チンパンジーなど霊長類の中にはかなり高い知力を持ったものがいることが知られているが，人間の用いる自然言語を習得することはできない．人間ならば誰もが，そして人間のみがことばを習得することができる．

　上記(1)-(2)のような非文法的な文は実際には使用されることがない．また(4)を非現実的な内容にした(5)なども実際に使用されることはまずないであろう．にもかかわらず，(1)-(2)の文について非文であると判断したり，(5)の文について「紫色の髯を生やした男がコカコーラ麺を食べた」ということを含意していると解釈したりすることができる．

（5）　A man with purple beard managed to eat noodle in Coca-Cola.

もし言語習得が周囲で用いられている使用例を手本にして行われるとするならば，手本として経験したことがない文については，判断したり，解釈したりすることができないはずである．

　生成文法ではことばの知識(言語能力)と実際の使用(言語運用)を区別している．この区別は，ことばの使用において言語能力だけで十分であると

か，他の認知能力の役割が軽微であるとかということを意味しているのではない．言語運用にはさまざまな認知能力が関与しており，それらの中からことばに固有な能力（言語能力）を抽出して，その性質を明らかにしようとしているのである．こうした整理をしないと，ことばの研究が，記憶も，視覚も，感情も，計算も研究の対象にしなければならないことになる．こうした「何でも研究」（study of everything）からは意味のある本質的な特質が明らかにされるとは期待できず，少なくとも実証的な経験科学が採るべき方法ではない．分子生物学者のJacob (1977) が「一般的な質問からは狭い答えしか得られなかったが，狭い質問からは結果的にずうっと一般的な答えが得られてきている」と述べているように，言語研究においても言語運用に関わるあらゆる能力を対象にするのではなく，ことばに固有な能力だけを対象にすることにより，より多くの本質的な洞察が得られるものと期待される．

10.4　統語と意味

　認知言語学と生成文法のもう1つの基本的な相違点は，文法あるいは統語（syntax）と意味との関係である．認知言語学では，ことばと他の認知能力の関係と同様に，統語と意味の関係についても，両者は不可分であるという立場を取る．統語構造に現れる要素は恣意的な記号ではなく，意味の点から動機づけられている．したがって，統語構造の要素は，たとえ機能的な要素（補文標識や時制要素，虚辞のitやthereなど）でも，それぞれ独自の意味を持っている．また統語構造の型（構文）が異なれば，意味の点でも異なっている．

　一方，生成理論では，統語構造は，そこに現れる語の語彙的特性（たとえば動詞の項構造）に基づいて語句が併合されることにより組み立てられる．統語構造の表示に現れる記号や要素は統語にとって有意な概念であり，意味の点から動機づけられているわけではない．文や句の意味は，むしろ統語構造に基づいて解釈（決定）されるものである．

　認知言語学ではしばしば，意味の違いが統語構造の違いとして現れている例として，下記 (6) に示した3文型の比較が取り上げられる（第4部5章）．

(6) a. I found that she is Irish.
　　 b. I found her to be Irish.
　　 c. I found her Irish.

生成文法によると，(6)の3文はいずれも，主文動詞 find の補部として「命題」という項が1つ現れているという点で共通している．しかし (a) > (b) > (c) の順で，主文主語と補文の関係が間接的である（Langacker, 1991）．こうした意味の相違は，主文主語と補文要素全体との距離の遠近という統語に反映されている．

生成文法の初期には (6) の3文が同じ D 構造から派生しており，それゆえ同じ意味であると主張するような分析があったが，最近の生成文法では3文の構造が同じであると主張するような分析は見当たらない．3文の間で補文の範疇は異なるし，現れている要素も異なる．解釈の対象となる構造が異なるのであるから，3文の間に意味相違があるとしても不思議ではない．

補文の範疇の相違は，たとえば時制の解釈などに影響を与える．上記 (6b) と下記 (7) は共に不定詞補文で表面的によく似ているが，(6b) の補文は独自の時制を持たないのに対して，(7) の補文は「非実現化」(unrealized) という一種の時制を持っている（Stowell, 1982）．この相違は前者が IP であり後者が CP であるという補文の範疇の相違に起因している．こうした相違は表面的な型(構文)からは区別できない．

(7)　　I persuaded Mary to see a doctor.

慣用的な no matter と irrespective of と never mind はいずれも「～であろうとも」という譲歩の意味を表す接続表現である．慣用的というのは，それらを構成する語を他の語で置き換えることが許されず，全体で一まとまりの意味を表すような表現をさす．同じような意味を表しているにもかかわらず，never mind の後ろには whether 節も if 節も続くが，no matter と irrespective of の後ろには whether 節は続けられるが if 節は続けられない（Nakajima, 1998）．

(8)　　Never mind {whether/if} he wins or not, he is respected by many

(9) No matter {whether/*if} he wins or not, he is respected by many people.
(10) Irrespective of {whether/*if} he wins or not, he is respected by many people.

この違いを認知言語学のように意味の点から説明しようとするならば，一方で間接疑問文を導く whether と if の間に意味の違いを認め，もう一方で 3 種の譲歩表現の間にも意味の違いを認め，両方の間の意味的な整合性という観点から説明することになるのだろう．だが，whether 節と if 節の間に一体どのような意味相違があるのだろうか．またそれに基づく譲歩表現との間の意味的整合性とはどのようなものなのであろうか．仮に 3 種の譲歩表現の間に微妙な意味相違があるとするならば，irrespective of と regardless of の間にも微妙な意味相違があるはずである．だがそれらに続く疑問節の種類には相違がない．(10) と (11) を比較せよ．

(11) Regardless of {whether/*if} he wins or not, he is respected by many people.

慣用的な譲歩表現はいずれも 2 語で一まとまりの意味単位をなしているようであるが，2 番目の語の範疇が異なっている．irrespective of と regardless of では前置詞，no matter では名詞，never mind では動詞である．一般的に前置詞および名詞の後ろでは，whether は許されるが if 節は許されない (13)–(14)．動詞の後ろでは whether 節も if 節も許される (12)．

(12) I wonder {whether/if} he wins or not.
(13) His success depends upon {whether/*if} he wins or not.
(14) The question {whether/*if} he wins or not is meaningless.

慣用的な譲歩表現は不可分な一まとまりを成しているのではなく，2 語から構成される統語構造を持っていると仮定するならば，慣用的譲歩表現に続く疑問節の選択 (8)–(10) は，通常の疑問節の選択 (12)–(14) の場合と同様に，統語構造に基づいて決まってくる．疑問節の選択という統語の型

は，慣用的な譲歩表現の意味の点から決まるのではなく，それらとは独立した統語構造の点から決まるのである．

10.5 今後の展望

どのような科学の研究領域においても，ある現象を研究するのに，その現象のどのような側面に関心を向けるかによって異なったテーマが研究の対象となる．たとえば人間の足は基本的に二足歩行するためのものであるが，サッカーの試合や陸上競技などを見ていると2本の足が状況に応じて実に多様な働き(機能)をすることに驚かされる．こうした動きをするには，脚を動かす40個前後の筋肉，さらには腰，上肢，上体などを動かすさまざまな筋肉が多様に連携する必要がある．筋肉の数は有限であるが，それらの連携の仕方は無限である．筋肉が連携するには，編成を可能にする能力がなければならない．足の動きの研究をする場合でも，大きく分けて，動きの機能，それに関与する筋肉，連携の編成能力などが研究の対象となる．

ことばの研究においても，機能，物理的器官，編成能力などを対象とする研究が成り立つ．これまで第2部で見てきた生成文法の研究は，ちょうど筋肉の無限な連携を可能にする編成能力の研究に相当する．言語能力がどのような仕組みになっていると仮定すれば無限な文を生成することができるかというテーマに関する研究である．

ことばの研究において筋肉の研究に相当するのは，発声器官や聴覚器官，それらに指令を下している脳の言語野など，物理的な「器官」に関する研究である．

また機能に関する研究は，ことばの基本的機能であるコミュニケーションという働きについての研究である．この機能を円滑かつ効果的に行うためにいろいろな工夫が凝らされるが，たとえば語句を一定の順序で配列したり，語句の順番を入れ替えて特殊な構文を作り出したりするのも，そうした工夫の一部である．句や文の構成，配列の入れ替えなどは，2部の冒頭で述べたように，文の仕組み，すなわち編成能力の研究，さらに言い換えるならば生成文法にとっても大いに関心のあるところである．そうだと

すると，ことばの編成能力に関する研究と機能に関する研究との間に，接点や対応関係を見いだすことができるはずである．ことばに求められている機能を遂行するために，ことばを編成する能力が対応・措置しているからである．たとえば英語の wh 疑問文で wh 句が文頭に生ずるという事実を説明するのに，生成文法では 7 章で見たように，wh 素性を照合するためであるという説明を採っている．一方この事実を機能の点から見るならば，wh 句が文頭に現れるのは質問の対象を明確にする(焦点化する)という機能を果たすためである．wh 素性の照合という理論上の道具立てと質問の焦点化という機能の間に対応が見られるわけである．

　生成文法で提案された理論上の道具立て(たとえば格素性，wh 素性，最短移動の原則など)がどのような機能上の理由と対応するかを検討することは，言語の本質を探る上でも，また理論を平明な機能という観点から理解する上でも，重要なことである．さらに理論上の道具立てを研究する際に，物理的な器官との関係も無視することはできない．今後，機能・器官・能力の相互関係を考察することが重要な課題となってくることであろう．そうした関係を探ることによって，言語研究が大きく飛躍するものと期待される．

第3部　意味の仕組み

0. はじめに

　意味論は言語の意味を扱う研究分野である．意味に関わる現象は，形態素のレベル，語のレベル，句のレベル，文のレベル，談話のレベルなど，どのレベルにも現れる．そして，意味には，統語論と深く関わっているもの，純粋に意味的なもの，語用論と深い関わりのあるもの等々，さまざまの側面があり，それに応じてさまざまな意味論がある．記号と記号外の世界との関係を記述することを目的とした形式意味論，われわれの認知作用の結果構築される概念体系に基づく認知意味論，意味要素の組み合わせによって述語の意味を規定する語彙意味論，統語論と深い関わりを持つ生成文法の論理形式に基づく意味論，および論理形式と意味のインターフェイスに関わる理論等々がある．

　これらの中で，認知意味論は人間の認知的側面，すなわち，人間の認識を介してことばの意味に迫るという点で，言語の形式的側面から意味に迫ろうとする他の意味論と異なっている．また，従来の語彙意味論は，語彙の意味を意味成分に分析するとか，それに基づいて語彙の相互間の関係を明らかにするとかといった，静的意味記述に研究の範囲が限定されていたが，近年の語彙意味論は，意味を静的対象とみなすのではなく，動的対象とみなし，意味の合成・化合のような意味上の変形を認めるダイナミックな意味論が展開されている．このように，最近の意味論では，人間の認知的側面を基礎とする意味論と動的意味論の展開が特徴となっている．

　第3部の内容は次のようになっている．1章では，現代意味論の始まり

であるGruberの意味論を概観し，さらに現在の語彙意味論の源流となっている生成意味論について見る．2章では，語彙意味論に基づき，意味構造に基本的型が存在することを指摘する．3章では，意味は静的存在ではなく，化合・合成を受ける動的存在であることを示す．4章では，生成文法の論理形式部門について，論理形式の必要性および分析の具体例を見よう．5章では，論理形式と意味解釈のインターフェイスに関わる問題の一例として，不定名詞句の解釈について見ることにしよう．

1. 意味論の始まり

1.1 Gruberの意味論

能動文とその受動文が知的に同義であることは，受動文を能動文から受動変形によって派生することによって説明できる．これに対して，次のような文がほぼ同義であることは変形規則によって説明することはできない．

(1) a. Caesar crossed the English Channel.
　　b. Caesar went across the English Channel.
(2) a. John entered the studio.
　　b. John went into the studio.

これらの文の同義性は，語のレベルを問題にしていては捉えることはできず，それぞれの動詞が持つ意味構造に踏み込む必要がある．このような語の間に認められる一定の意味関係を捉えるために，Gruber (1965)は生成文法の標準理論における深層構造よりさらに抽象的な語彙前の構造 (prelexical structure) という概念を設定した．

語彙前の構造とは，概略意味の構造であると考えてよい．語彙前の構造からcrossとgoが持つ(共通の)意味関係が，深層構造から各語彙項目特有の意味が供給される．(1a, b)を例として，語彙前の構造の具体例を見よう．大文字は意味要素であることを表している．

（3） NP [$_{VP}$ [$_v$ V]　　　　　　[$_{PP}$ ACROSS NP]]
　　　　　　Motional
　　　　　　Positional
　　　　a. _____ (cross)
　　　　b. _____ (go)

（3）が（1a, b）の語彙前の構造であり，位置（positional）に関わる移動（motional）の意味を表している．下線部（3a, b）は，それぞれ，cross と go が持っている意味に対応する部分である．（3a）の下線は，cross の意味の中に across の意味が含まれることを示している．このように動詞の意味の中にある要素を組み込む操作を編入（incorporation）と呼び，ACROSS が cross に編入されたという．cross は ACROSS を編入しているので，統語上 across が現れることはなく，（4a, b）の相違が説明される．

（4）　　a. *John crossed across the street.
　　　　b. John crossed the street.

これに対して，go は，（3b）で示したように，編入の操作を受けることはない．したがって，go の場合には，（1b）の go across の表現しか許されない．このように，語彙前の構造によって，cross と go across の同義性を捉え，両者の統語上の違いは編入の操作によって説明される．同様の説明が（2）にも当てはまる．（2a）の enter には，意味要素 INTO が編入されている．

もう1つの例を見よう．次の各例では，鉛筆あるいは電車が（through）NP によって示される位置を通って移動したという意味関係を共有している．

（5）　　a. The pencil pierced through the cushion.
　　　　b. The pencil pierced the cushion.
　　　　c. The train went through the tunnel.
　　　　d. *The train went the tunnel.

その意味関係は，次のように表される．

（6）　NP [_VP_ [_v_ V]　　　　　[_PP_ THROUGH　NP]]
　　　　　　　　Motional
　　　　　　　　Positional
　　　　　a.　＿＿＿＿＿＿（＿＿＿＿＿＿）(pierce)
　　　　　b.　＿＿＿＿＿＿ (go)

(6a) は，pierce の意味を表していて，この動詞が THROUGH の直前に [V, Motional, Positional] がある位置に現れることを指定している．また，THROUGH の編入は随意的であり，そのことは括弧によって示されている．THROUGH が編入されない場合には，それが through として現れ，(5a) が得られるのに対して，編入された場合には，(5b) が得られる．一方，go は (6b) に示すように編入を受けないので，(5c) の構造だけが許され，THROUGH の編入を受けた (5d) の用法はない．

　以上，Gruber の理論を簡単に見たが，この理論の重要な点は，一見異なっているように見える語彙項目の意味も，個々の語彙項目特有の意味の相違を取り除くと同一の意味関係が認められることを明らかにしたこと，さらに，語彙項目の分解を認めるという点で，新しい理論的可能性を切り開いたことである．この後者の特徴が，その後の意味論の発展にきわめて重要な役割を果たしている．

1.2　意 味 の 姿

1.2.1　語 彙 分 解

　従来，意味は捉えどころのない抽象的なものと考えられていたが，Gruber は，語彙項目の分解を認め，語彙前の構造という新しい構造を認めることにより，意味の姿を具体的に一般化可能な形で表すことができる道を切り開いた．すなわち，意味を，具体的な移動の要素 (motional)，位置の要素 (positional)，継続の要素 (durational)，所有の要素 (possessional) などの意味要素の組み合わせとして記述することが可能となった．このような考え方に立って，抽象的な意味要素を用いて語彙項目の意味を分析することを述語分解 (predicate decomposition)，あるいは語彙分解 (lexical decomposition) という．たとえば，kill の意味は「x が y を生きていない状

態にする」，jail の意味は「x が y を監獄にいるようにさせる」，lend の意味は「x が，y が z を（しばらくの間）保持するようにさせる」と概略表すことができる．これを語彙分解によって示すと次のようになる．

(7) a. kill: [x CAUSE [y BECOME NOT ALIVE]]
　　 b. jail: [x CAUSE [y BE IN JAIL]]
　　 c. lend: [x CAUSE [y KEEP z]]

CAUSE は使役，BE は状態，BECOME は状態の変化，KEEP は（一時的）所有を表す意味要素である．x, y, z は変項（variable）と呼ばれ，主語，目的語などの名詞句が代入される位置である．

このように，述語分解は語彙の意味を分析的に表示するが，(7) で示した意味構造そのものを基底で生成し，それが文の基底構造であるとする考え方を生成意味論（generative semantics）と呼ぶ．

1.2.2　生成意味論

生成意味論は，Gruber に始まり，McCawley (1973) などによって研究された，意味を文の基本構造とする理論である．この理論の特徴は，(i) 文法の基底構造は意味表示そのものである，(ii) 意味表示は（統語構造と同様）樹形図で表される，(iii) 意味表示は変形によって表層構造と結びつけられる，というものである．ここでは，意味が，基本的な意味要素を組み合わせることによって生成され，それが樹形図の形で示される点を理解しておけば十分である．よく知られている kill の分析を見よう．生成意味論では，(8) は (9) のような基底構造から派生されると仮定されている．

(8) John killed the fly.

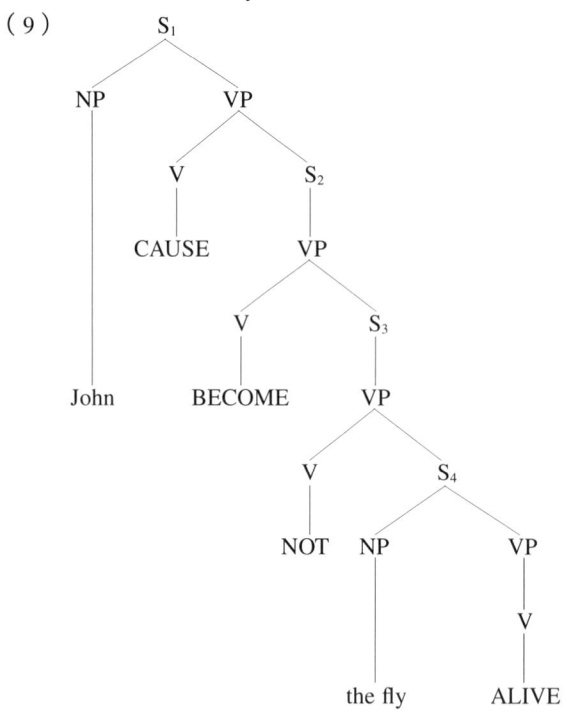

(9) [Tree structure:
S₁ → NP (John) + VP
VP → V (CAUSE) + S₂
S₂ → VP
VP → V (BECOME) + S₃
S₃ → VP
VP → V (NOT) + S₄
S₄ → NP (the fly) + VP
VP → V (ALIVE)]

この構造に，V を下から上に順次繰り上げる述語繰り上げ規則（predicate raising）が適用されて，次のような構造が得られる．

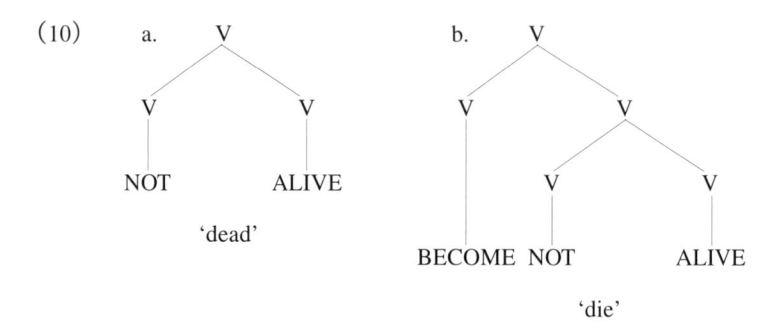

(10) a. V → V (NOT) + V (ALIVE) 'dead'

b. V → V + V; V → V (BECOME) + V (NOT); V (ALIVE) 'die'

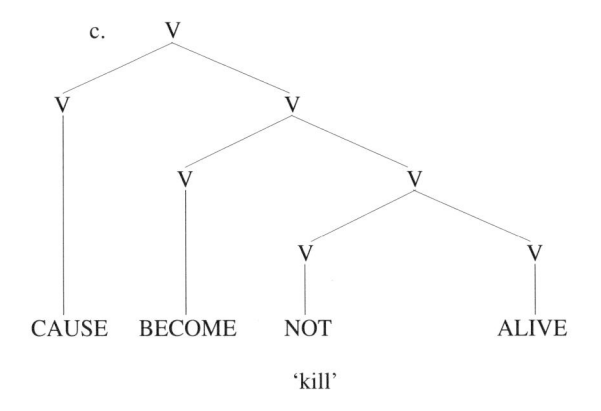

c.
```
              V
           /     \
          V       V
                /   \
               V     V
              / \
             V   V        V
          CAUSE BECOME  NOT    ALIVE
                  'kill'
```

(9) で，ALIVE が NOT に繰り上げられると (10a) の構造が得られ，これは dead に対応する意味構造である．さらに，(10a) 全体が BECOME へ繰り上げられて，(10b) の構造が得られる．これは die に対応する意味構造である．さらに，(10b) が CAUSE へ繰り上げられ，(10c) の構造が得られる．これが kill に対応する意味構造である．このようにして，x CAUSE-BECOME-NOT-ALIVE y の構造が得られ，この意味の部分に kill が挿入されて，最終的に x kill y. の文が得られる．

このように，生成意味論では，意味構造を基底構造として，それを樹形図で表し，意味構造を述語繰り上げ規則によって表層構造に結びつける．それでは，意味をこのように分解して表示することにどのような利点があるのであろうか．次にこの問題を見よう．

1.2.3 almost, again の修飾関係

次の文 (11a) では，almost が VP を修飾する場合(私がもう少しでするところだったのは，牛乳をすべて飲んでしまうことだった)と all を修飾する場合(ほとんどすべての牛乳を飲んでしまうところだった)の 2 通りの解釈が可能である．

(11)　a.　I almost [$_{VP}$ drank all my milk].
　　　b.　I drank almost all my milk.

(11a) の almost が all を修飾する場合，(11b) の書き換えが可能である．いま (11a) の almost が VP を修飾する位置にあると仮定しよう．そうすると，(11a) が (11b) の意味を持つのは，almost が (11b) の all を修飾する位置から (11a) の VP を修飾する位置へ移動されたからであると考えられる．このように考えると，(11a) が多義であるのは，almost が基底構造で VP を修飾する位置に直接生成された場合と (11b) の位置から移動された場合の 2 つの派生を持つからである．したがって，(11a) の多義性は almost を移動する統語規則を仮定することによって説明できる．しかし，これとは異なり，意味構造を考慮しないと説明できないような多義性が存在する．

次の文 (12) は (13) に示すような 3 通りの解釈を持っている．

(12) 　　John almost killed the fly.
(13) 　a. What John almost did was kill the fly. [He missed his chance and did nothing.]（もう少しでしそうになったのは，ハエを殺すことだった．）
　　　b. What John did was almost kill the fly. [His arm was bad and he missed it.]（ジョンがしたことは，もう少しでハエを殺すことだった．）
　　　c. John did something to the fly which caused it to become almost dead [but it recovered and flew away].（もう少しで死に至らしめるところだった）

(13a) の解釈は，ハエを殺そうと思ったが結局は何もしなかったという状況を表していて，almost は VP を修飾している．(13b) は，ハエを殺そうとたたいたが，たたき損じてしまったような状況を表していて，almost は V (killed) を修飾している．したがって，この (13a, b) の多義性は (11) の場合と同様に説明できる．すなわち，almost が VP を修飾する場合には，(14a) のように，almost は基底構造で VP に付加する位置に生成される．これに対して，V を修飾する場合には，(14b) に示すように基底構造では V を修飾する位置に生成され，統語操作によって VP 修飾の位置へ移動され，結果として (14a) の構造が得られる．このようにして，(12) の持つ

解釈の中で，(13a, b) の 2 つの解釈が説明される．

(14)　a.　John almost [$_{VP}$ killed the fly].
　　　 b.　John [$_{VP}$ [almost [$_V$ killed]] the fly].

しかしながら，このような統語的説明では，(13c) のように，almost が語彙項目 kill の中に含まれる意味要素の DEAD (= NOT ALIVE) の部分を修飾している解釈は，説明できない．この解釈は，語彙項目のレベルだけを問題としていたのでは説明できず，語彙をさらに分解した (9) のような意味の構造を仮定してはじめて自然な説明が可能となる．語彙項目 kill の意味を (9) のように分解すると，(13c) の解釈は，almost が (9) の S_3 の部分 (NOT-the-fly-ALIVE = the-fly-NOT-ALIVE = the fly dead) を修飾している解釈であると説明できる．

次の again を含む文 (15a) でも類似の多義性が見られる．

(15)　a.　John closed the door again.
　　　 b.　John [CAUSE [the door BE CLOSED]] (again)

1 つの意味は，(i) 以前に少なくとも一度ドアを閉めたことがあり，再び閉めたということであり，もう 1 つの意味は，(ii) (以前にドアを閉めたことがある必要はなく) もとの閉めてあった状態に戻したという意味である (この解釈の again は「もとの状態に」の意味である)．この意味の相違は，close の意味構造を (15b) のように仮定し，(i) の意味では again は CAUSE 以下の部分を修飾しており，(ii) の意味では BE-CLOSED の部分を修飾していると考えるとうまく説明できる．

1.2.4　場所・時間の副詞の修飾関係

意味構造に言及しないと説明しにくいもう 1 つの例として，副詞の修飾関係を見よう．次の文は，いずれも 2 つの解釈を持ち多義である．

(16)　a.　The Sheriff of Nottingham jailed Robin Hood for four years.
　　　 b.　The Sheriff of Nottingham jailed Robin Hood in Reading.

(16a) は，「(i) ノッティンガムの州長官はロビンフッドを 4 年間監獄に入

れた」,「(ii) ノッティンガムの州長官はロビンフッドを監獄に入れるのに4年間費やした(4年間投獄と保釈を繰り返したという解釈も成り立つ)」の2つの解釈を持っている．(16b)は,「(i) ノッティンガムの州長官はロビンフッドをレディングの監獄に入れた」とも,「(ii) ノッティンガムの州長官はレディングにいて,ロビンフッドを監獄に入れた」とも解釈できる．これら2つの解釈は,意味構造を考えるとうまく説明できる．(16a, b)の意味構造は,概略次のように示される．

(17) The Sheriff of Nottingham [CAUSE [Robin Hood BE IN JAIL]]
(for four years/in Reading)

この意味構造で,for four years が BE の部分,つまり BE-IN-JAIL を修飾すると,ロビンフッドが監獄に入っていた期間が4年間という(16a-i)の解釈になる．また,CAUSE の部分,つまり CAUSE-BE-IN-JAIL を修飾すると,投獄するのに4年かかった(あるいは,4年間投獄と保釈を繰り返した)という(16a-ii)の解釈となる．同様にして,場所を表す in Reading が,BE-IN-JAIL を修飾すると(16b-i)の意味となり,CAUSE を修飾すると(16b-ii)の意味になる．重要なことは,これらの解釈の中で,修飾語が BE-IN-JAIL の部分を修飾している意味は,表層構造を見ているだけでは説明できず,語彙を(17)に示したように分解してはじめて説明できることである．

次に,時の副詞句について見よう．until tomorrow のような副詞句は,未来時制の動詞と一緒に現れ,過去時制の動詞と共に現れることはない．

(18) a. *I stayed in my room until tomorrow.
b. I'll stay in my room until tomorrow.

ところが,次の文では,その副詞句が過去時制の動詞と共に用いられている．

(19) a. I lent Harry my bicycle until tomorrow.
b. John left his bicycle at Bill's house until tomorrow.

(19a)の意味構造は(20)のように示される．

(20)　　I CAUSE [Harry KEEP my bicycle] (until tomorrow)

この意味構造において，副詞句は自転車が借用されている期間，すなわち，[Harry KEEP my bicycle] の部分を修飾している．このように，過去時制の動詞と未来を表す副詞が同時に現れうるのは，過去の行為の結果生じる状態を，未来の副詞が修飾できる場合である．したがって，動詞とこの種の副詞との意味関係は，動詞の時制と副詞の関係として捉えられるのではなく，動詞の意味構造を見てはじめて説明できる．したがって，このような事実を説明するためには，語彙分解の考え方が必要である．

　以上，語彙項目を分解不可能な要素であるとみなす考え方では説明しにくい事実があることを指摘し，語彙分解の妥当性について見てきた．

1.3　生成意味論の現代的意味

　生成意味論は，Gruber に始まり，1970 年代に最も盛んに研究された，意味を基本構造とする理論である．この理論は，文法の基底構造を樹形図で表される意味表示であるとし，その意味表示を変形によって表層構造と結びつけるというものであった．しかし意味表示を直接統語表示と結びつける考え方にはさまざまな問題点があることが指摘され，急速に支持を失っていった．しかしながら，意味の一般化を可能にする意味要素の抽出，意味構造の 1 つの具体的な姿を提示した点，語彙項目の分解を積極的に進めた点等々，その後の意味論の発展に決定的な重要性を持っていたと言ってよいであろう．現在研究の盛んな語彙意味論，語彙概念構造の考え方，認知意味論などの源泉は生成意味論であり，生成意味論の思考法は現代の意味論の中に脈々と生きているのである．

2.　意味の基本構造

2.1　アスペクトによる動詞の分類

　動詞には，自動詞，他動詞，非対格動詞などさまざまな動詞があるが，

意味の面から見ると次の4つに分類できる．

(1) a. 状態動詞 (Stative)
believe, desire, have, know, love, ...
b. 活動動詞 (Activity)
run, swim, walk, drive a car, push a cart, ...
c. 達成動詞 (Accomplishment)
deliver a sermon, draw a circle, make a chair, paint a picture, recover from illness, ...
d. 到達動詞 (Achievement)
die, find, lose, notice, reach, recognize, spot, ...

Vendler (1967) は，動詞の意味を完了，未完了などのアスペクトの特徴をもとに，(1)のように分類している．状態動詞は，一定の状態が継続していることを述べている．たとえば，believe は信じているという状態を表している．活動動詞は，意図的に行うことができる一定の行為を表しており，継続して行うことが可能である．したがって，状態動詞と活動動詞は，未完了という特徴を持っているが，状態動詞は状態を表し，活動動詞は行為を表している点で異なっている．これに対して，達成動詞は，その行為を行うと，ある結果が得られるという特徴を持っている．たとえば，draw a circle では，draw という行為を行うと結果として円ができあがることを表している．到達動詞は，動詞で示される結果が瞬時的に生じることを表している．たとえば，notice はある時点で瞬時的にある事態に気づくという意味である．したがって，達成動詞と到達動詞は，完了したことを表す完了のアスペクトを持つが，結果が瞬時的に得られるかどうかで異なっている．このように，(1)の動詞分類は，語彙的アスペクトによって区別できるが，このほかの区別の基準について見ておこう．

第1に，単純現在形の場合，(1b–d)の動詞は習慣の解釈 (habitual interpretation) を持つのに対して，(1a)の動詞はそのような解釈は持たず，現在の特定の事象を表している．

(2) a. John knows the answer.

b. John walks a mile (every day).
c. John makes a chair.
d. John recognizes a painting.

第2に，in an hour のような時間を表す副詞と共起可能かどうかによって，(1a–b)の動詞と(1c–d)の動詞で違いが見られる．

(3) a. *John knew the answer in an hour.
b. *John walked in an hour.
c. John painted a picture in an hour.
d. John noticed the painting in a few minutes.

(3c–d)のように，1時間経って絵が完成したとか，少し経って絵に気がついたとは言えるが，1時間経って答えを知っていたとか，1時間経って歩いた(1時間後に歩き始めたの意味では可能)とは言えない．

第3に，(1a–c)の動詞は，stop の補部に生じることができるが，(1d)の動詞は不可能である．

(4) a. John stopped believing God.
b. John stopped walking.
c. John stopped drawing a circle.
d. *John stopped noticing the painting.

stop はある継続状態を断ち切ることを表しているので，状態(4a)，動作(4b)，過程(4c)を中断することはできるが，瞬時的出来事を表す(4d)の動詞とは適合しない．以上のことを図示すると，次のようになる．

表-I

	habitual (2)	in an hour (3)	stop (4)
状態動詞	No	No	Yes
活動動詞	Yes	No	Yes
達成動詞	Yes	Yes	Yes
到達動詞	Yes	Yes	No

基準(2)により，状態動詞と活動動詞が区別される．基準(3)により，活

動動詞と達成動詞が区別される．基準 (4) により，達成動詞と到達動詞が区別される．このようにして，4 つの動詞がすべて区別される．このような区別は，Dowty (1979)，Verkuyl (1993) など多くの意味論研究で取り上げられ，語彙意味論の研究にとって重要な役割を果たしている．

2.2 完了性

前節で，状態動詞と活動動詞は，一定の状態が継続していて区切りがないという未完了の性質を持つことを述べた．また，達成動詞と到達動詞は，物事の区切りがあり，完了したことを表す性質を持つことを指摘した．このような性質を完了性 (telicity) と言い，未完了を atelic (エイテリック) と呼び，完了を telic と呼ぶ．(これらの区別を境界性 (boundedness) とか限定性 (delimitedness) とか呼ぶこともある．)

この完了性の性質は，動詞の性質のみによって決まるのではなく，主語や目的語の性質によって変化する．したがって，この性質は動詞句あるいは文のレベルで決定される．たとえば，eat は，自動詞用法では活動動詞で，その活動は継続できるので，未完了の性質を持っている (He ate for an hour. と言える)．しかし目的語を持つ他動詞用法では事情が異なってくる．

(5) a. John ate a sandwich.
 b. John ate sandwiches.
 c. John ate bread.

単数の目的語を持つ (5a) のような他動詞の例では，食べるという行為は，1 つのサンドイッチを食べ終わった時に完了するので，完了を表している．目的語が複数形の (5b) はどうだろう．この文では，食べられたサンドイッチの量が明示されていないので，どの時点で食べる行為が完了したか不明である．すなわち，(5b) では，eat a sandwich という完了した事柄が何度も繰り返し生じているが，その回数が特定できず継続的である，という意味で未完了である．(5c) の目的語は不可算名詞であるので，(5b) と同様，どの段階で食べる行為が完了したか特定できず，継続的性質を持っている．したがって，この文も未完了である．すなわち，目的語が明

確に指定できる量を表している場合には，その文は完了を表し，そうでない場合には継続的性質を持ち，未完了を表すと言える．

このように，目的語の性質によって完了か継続的性質を持つ未完了かが決まるが，このことは，(3)で示した時間の副詞の基準によって確かめられる．

(6) a. John ate a sandwich in an hour / *for an hour.
　　 b. John ate sandwiches ?in an hour / for an hour.
　　 c. John ate bread ?in an hour / for an hour.

(6a)は完了を表しているので，期間を表す for an hour のような副詞句を用いることはできず，ある時間の経過の後事態が終了したことを示す in an hour しか用いられない．((6a)が for an hour を持つ場合，「1時間の間に繰り返し何個もサンドイッチを食べた」という特別な解釈では可能．)これに対して，(6b–c)では未完了を表しているので，in an hour は不適切である．

同様のことが到達動詞にも見られる．

(7) a. *John discovered the buried treasure in his backyard for six weeks.
　　 b. John discovered fleas on his dog for six weeks.

(7a)のような，埋められていた宝を探し出す行為は一度で終了し，完了を表す．これに対して，(7b)の目的語は複数形であり，見つけだす行為を何度でも繰り返すことができる．このような場合には継続的性質を持ち，未完了を表す．

次に，主語により完了性が左右される場合を見よう．

(8) a. For years water came in from the rock.
　　 b. *For years a liter of water came in from the rock.
(9) a. For hours people walked out of the house.
　　 b. *For hours the person walked out of the house.

(8a)は主語が非可算名詞であり，未完了を表している．これは(6c)と似ている．(8b)では水の量が制限されているので，完了を表しており，for years とは適合しない．同様のことが (9) にも当てはまる．

また，達成動詞の場合にも同様の現象が見られる．

(10) a. *John discovered that quaint little village for years.
b. Tourists discovered that quaint little village for years.

(10a) の，ジョンが特定の村を発見するという事柄は，1 回限りのことであるので，for 句とは整合しない．これに対して，(10b) では，旅行者ごとに異なる発見であるとみなされ，反復による継続的性質を表している．したがって，不定の複数名詞句を主語とする場合には，継続を表す for 句を用いることができる．

このように，活動動詞，達成動詞，到達動詞では，目的語や主語の名詞句の性質によって完了性に変化が見られるが，状態動詞は常に未完了を表し，目的語や主語の性質によって完了性の性質が左右されることはない．たとえば，次の例では目的語が特定のものを指す複数名詞であるが，完了を意味せず，未完了の状態を表している．

(11) a. John hates the three yuppies.
b. I like those movie stars.

このように，完了性の性質は，動詞固有の性質だけから決まるのではなく，動詞の性質に加えて，目的語や主語の名詞の性質によって左右される文レベルの現象であると考えられる．しかしこの事実は，既に見たように，動詞が固有のアスペクトを持つとする Vendler (1967) の考え方と矛盾するものではない．というのは，達成動詞や到達動詞が継続を表す for 句と共起可能で，未完了に見える場合には，完了の繰り返しによって継続の性質が生じているのであって，これらの動詞の他動詞用法に固有の完了相が変化しているわけではないからである．

完了・未完了の区別は，統語現象にも反映される．たとえば，オランダ語では，この区別に従って助動詞に hebben 'have' を用いるか，zijn 'be' を用いるかの違いが見られる．すなわち，未完了を表す活動動詞と状態動詞では hebben が使われ，完了を表す達成動詞と到達動詞では zijn が用いら

れる．

(12) a. Hij heeft / *is gelopen.
'He has / *is run.'
b. Hij is / ?heeft naar huis gelopen.
'He is / has run home.'

(12a) の lopen 'run' は未完了の活動動詞であるので，hebben が用いられている．これに対して，(12b) の naar huis lopen 'run home' は，完了を表す到達動詞であるので，zijn が用いられている．

イタリア語では，完了相の違いによって受動化の可能性に違いが見られる．

(13) a. Anna ha mangiato spaghetti per cinque minuti.
'Anna ate spaghetti for five minutes.'
b. *Spaghetti sono stati mangiati da Anna per cinque minuti.
'Spaghetti was eaten by Anna for five minutes.'

(14) a. Anna ha mangiato gli spaghetti in cinque minuti.
'Anna ate the spaghetti in five minutes.'
b. Gli spaghetti sono stati mangiati da Anna in cinque minuti.
'The spaghetti was eaten by Anna in five minutes.'

(13a) は，for 句と共に用いられるので，未完了を表している．この文は，(13b) に示すように，受動化が不可能である．(14a) は in 句と共起できるので，完了を表している．そして，この文は，(14b) に示すように，受動化が可能である．このことから，完了相と受動化の間に相関関係があることが理解される．このように，完了・未完了の違いは，統語現象に反映される場合がある．

2.3 語彙意味構造の基本形

2.1 でアスペクトによる動詞の分類を見たが，動詞がこれら 4 つの類に分類できることは，アスペクトによる分類が動詞の基本的意味に対応しているからではないかと考えられる．そこで，状態を表す意味を BE，活動

を表す意味を ACT，使役を表す意味を CAUSE，状態の変化を表す意味を BECOME で示すことにしよう．そうすると，(1) で示した動詞の 4 つの意味構造は，次のように表すことができる．

(15) a. 状態動詞：x BE (y)
b. 活動動詞：x ACT (ON y)
c. 達成動詞：x CAUSE [y BECOME z]
d. 到達動詞：x BECOME [x BE (y)]

これらの意味構造を具体例に当てはめると次のようになる．

(16) a. John knows the answer.
　　　[John BE <know> the answer]
b. John swam.
　　　[John ACT <swim>]
c. John opened the door.
　　　[John CAUSE [the door BECOME OPEN]]
d. John discovered the cave.
　　　[John BECOME [John BE <KNOW THE EXISTENCE OF> the cave]]

BE は状態を表しているので，未完了である．ACT は行為を表しているが，これは継続可能であるので，やはり未完了である．これに対して，(15c-d) の BECOME は状態の変化を表しているので，その変化が起こった時点でその過程あるいは事象が完了する．したがって，この 2 つは完了を表している．(15c) では，ある過程を経て結果の状態 (OPEN) に至ることを表している．これに対して，(15d) では変化が瞬時的に生じたことを表している ((15d) の 2 つの x は同じものを指している)．このように，(15) の意味構造から，完了相のアスペクトに関わる類似点と相違点が説明される．

　動詞にはさまざまな種類があるように見えるけれども，意味構造の観点から見ると，(15) に示した基本意味構造のいずれかに分類できる．この意味で，これらの意味構造は動詞の意味の基本構造であると考えられる．

すなわち，この基本形に合わない語彙意味は存在しないという意味で，可能な語彙意味を規定していると言える．また，3章で見る動詞の意味の拡張も，この基本形の範囲内に限定され，可能な意味拡張を厳しく制限する機能も果たしていると考えられる．

2.4 非対格動詞

英語の自動詞はすべて，表層構造では主語–動詞 (S–V) の構造に現れるが，自動詞は，非能格動詞 (unergative verb) と呼ばれる自動詞と非対格動詞 (unaccusative verb) と呼ばれる自動詞の2つのタイプに分けられる．

(17)　a.　非能格動詞：cry, laugh, jump, hop, run, walk, swim, ...
　　　b.　非対格動詞：（ⅰ）arrive, come, go, depart, fall, return, ...
　　　　　　　　　　（ⅱ）be, exist, remain, ...
　　　　　　　　　　（ⅲ）freeze, melt, ...
　　　　　　　　　　（ⅳ）roll, rotate, slide, move, swing, ...

それでは，これら2つのタイプの自動詞を区別する理由は何であろうか．まず，第1に，非能格動詞は there 構文には生じないが，非対格動詞の (ⅰ) と (ⅱ) はこの構文に生じることができる．

(18)　a.　*There laughed a beautiful girl in the garden.
　　　b.　*There talked a student to his friend.
(19)　a.　There arrived a man from India.
　　　b.　There remained some people in the forest.

第2に，結果構文の述語の主部・述部関係に基づく理由がある．結果構文の述語は，目的語と主部・述部関係を持ち，主語と関係を持つことはできない．

(20)　a.　Terry wiped the table clean / *exhausted.
　　　b.　*Terry talked hoarse.
　　　c.　The river froze solid.

(20a) では，目的語の the table と述語の clean が主部・述部関係にある．

これに対して，述語の exhausted が主語の Terry と主部・述部関係を持つことはできない．このことは，(20b) で，述語が主語と主部・述部関係にあり，非文となっていることからも窺える．このことを前提として (20c) を見ると，この文では，述部は主語と主部・述部関係を結んでいるように見える．したがって，この文が文法的である理由を説明しなければならない．

この問題を解決するために，この2つのタイプの動詞では，主語の性質に違いが見られると仮定してみよう．すなわち，非能格動詞では，主語は基底構造でも表層構造でも主語の位置にあると考え，(21a) の構造を仮定しよう．これに対して，非対格動詞では，(21b) に示すように，主語は基底構造では目的語の位置にあり，表層構造で主語の位置に移動されると仮定しよう．

(21)　a.　非能格動詞　　b.　非対格動詞
　　　　[s NP [vp V]]　　　[s [NP e] [vp V NP]] → [s NP [vp V]]

この仮定に従うと，(20b, c) の構造は，それぞれ，(22a, b) のようになる．

(22)　a.　[s Terry [vp talked hoarse]]
　　　b.　[s [NP e] [vp froze the river solid]] → [s The river$_i$ [vp froze t_i solid]]

(22a) では，主語はもともと主語の位置にあるので，述語の hoarse は主語と主部・述部関係を持たなければならず，非文法的である．これに対して，(22b) では，述語は基底構造で目的語と主部・述部関係を持っている．したがって，この文は文法的である．このように，(22) に見られる構造の違いから，(20b, c) の文法性の相違が説明できる．

同様のことが，移動の変化を表す (17b-iv) の動詞にも当てはまる．

(23)　a.　The ball rolled into the room. ← [NP e] rolled the ball into the room
　　　b.　The coin slid into the hole. ← [NP e] slid the coin into the hole

これらの文では，主語は場所を表す前置詞句と主部・述部関係を持つが，

これらの文が (23) の右側の構造から派生されるとすれば，基底構造ではやはり，目的語と述語が主部・述部関係を結んでいることになる．非対格動詞に対して (21b) のような構造を仮定する仮説を非対格仮説 (Unaccusative Hypothesis) と呼ぶ．

この仮説に従うと，there 構文に関わる (18)–(19) の事実も容易に説明できる．すなわち，(19) の文は (21b) の左側に示す基底構造を持つので，空である主語の位置に there が挿入可能であり，there 構文が派生される．これに対して，非能格動詞は (21a) の構造を持つので，このような可能性はなく，(18) のような文は派生できない．

ここで非対格動詞 (17b) の意味を見ておこう．(i) は出現・到着を表す動詞であるのに対して，(ii) は存在を表す動詞である．(iii) は状態の変化を表す動詞であるのに対して，(iv) は位置の変化を表す動詞である．There 構文は出現，存在を表す動詞を必要とするので，(i)–(ii) の動詞が there 構文に生じ，(iii)–(iv) の動詞が (非対格動詞であるのに) there 構文に生じないことは，意味的に説明される．

非対格動詞の (i) は出現・到着を表すので，到達動詞と分類できるかもしれない．しかしこれらの動詞は notice などの到達動詞とは異なる性質を持っている．(ii) の動詞は存在を表すので，状態動詞とみなされるかもしれない．しかしこれらの動詞も know のような状態動詞とは異なる性質を持っている．(iii) の動詞は状態の変化を表すので，達成動詞あるいは到達動詞であるとみなされるかもしれない．しかし (iii) の動詞で示される事象は自然発生的に生じる事象であるので，これらいずれの動詞類とも異なると考えられる．(iv) の動詞は，自発的動作を表しているのではなく，外部から加えられた力によって生じる自立的移動の様態を表している．これらのことを総合して考えると，これらの動詞には，事象を引き起こす動作主あるいは行為者は存在せず，いわば，自然発生的に生じている事象を表すという共通点がある．そのような意味要素を INCHOATIVE (= INCH) で示すことにしよう．そうすると，これらの動詞の意味構造は次のように表される．

(24) a. ___ INCH [x BE $_{<exist>}$ (AT y)] (arrive)
 b. ___ INCH [x BE $_{<exist>}$] (exist)
 c. ___ INCH [x BECOME MELTED] (melt)
 d. ___ INCH [x MOVE INTO y] (roll into y)

この仮定によれば,非対格動詞は,もともと主語を持たない意味構造を持っており,(21b)に示すように,これらの動詞が基底構造で主語を持たないのは,この意味構造の反映であるとみなされる.

3. 動的意味論

3.1 意味合成

次の文を比較してみよう.

(1) a. John ran in the ground.
 b. John ran to the school.

(1a)に対応する日本語は「ジョンはグランドを走った」であるのに対して,(1b)では「ジョンは学校へ走った」とは言えず,「ジョンは学校へ走って行った」となる.つまり,(1b)では「行く」という解釈を補わないと適格な日本語にはならない.このことから,(1a)と(1b)では,run の意味が異なるのではないかと考えることができる.この予測は,(2)に示すように,どのような種類の時間の副詞を許容できるかの違いによって確かめられる.

(2) a. John ran in the ground for two hours / *in two hours.
 b. John ran to the school *for two hours / in two hours.

run の本来の意味は運動を表すので,(2a)のように「2 時間運動場を走った」とは言えるが,(2b)のように「2 時間学校へ走った」とは言えず,「2 時間かかって学校へ走って行った」と言わなければならない.run は本来運動動詞であるから(移動しないで run という行為を行うことは可能),

(1b) に見られる「行く」に相当する移動の意味は run 固有の意味ではなく，何らかの方法によって付け加えられたものであると考えられる．

そのような方法の1つとして，意味合成 (semantic conflation) の方法がある．意味合成の方法にはいくつかの方法が考えられるが，ここでは，ある基本的な意味に別の意味が重層的に重なり合う形式の意味合成を仮定しよう．上記の「行く」に相当する意味は，ある到着点に向かう移動を表しているので，そのような意味を (3a) のように表すとしよう．（大文字の要素は意味要素を表している．）

(3) a. x MOVE TO y (x が y へ移動する)
　　　　　｜　　｜
　　b. x　RUN

この構造は，(3a) の意味が基本であり，(3b) の意味が重なって，x MOVE-BY-RUNNING TO y の意味を持つように，run の意味が拡大したことを示していると解釈しよう(2つの x が線でつないであるのは，同じものを指していて，表現上は1つの要素で表されることを示している)．もともと run は (3b) で示す運動の意味しか持っていないが，それが基本的意味構造 (3a) と合成されることにより，移動の意味を獲得する．このようにして，(1b) の run は，(1a) の run と異なり，移動の意味を持つことが捉えられる．日本語では，(3a) の MOVE に対応する意味を「行く」で表し，(3b) の RUN に相当する部分を「走る」で表している．(1) に対する日英語の比較から，日本語の表現の方が，英語に比べて，意味構造により近い表現であることが理解される．逆の言い方をすると，対応する日本語から英語の動詞の意味分析が見えてくる場合がある．もちろん (3) の意味合成がどんな場合にでも可能であるのではなく，一定の制限があり，たとえば，*learn / *know to the school などの表現は存在しない．

意味合成のもう1つの例として，動詞 float を見よう．float は，(4a) に示すように，本来「浮いている」(afloat) という状態を表している．ところが，(4c) に示すように移動の意味でも用いられる．これは，本来移動の意味を持たない float が，(4b) に示す移動を表す意味と合成された結果，

移動の意味を獲得したからであると説明できる．下記の (4c) は，クラフトが空中に浮かんだままで移動し，格納庫に入ったことを意味しているが，この構造には，(4a) の修飾要素 (on a cushion of air) と (4b) の補部 (into the hangar) の両方が現れていて，合成の特徴をよく表している．特に，この float の場合のように，動詞が本来持っていない補部を新しく獲得している現象は，意味合成の特徴の 1 つである．

（4） a. The craft floated on a cushion of air.
　　　b. The craft moved into the hangar.
　　　c. The craft floated into the hangar on a cushion of air.

意味合成の考え方は，Talmy (1985) などで提案されたものであり，意味分析の方法の 1 つとして注目しておく必要がある．以下で，意味合成を支持する具体例をいくつか見ることにしよう．

3.2　A car screamed to a stop at the kerb.

表題の日本語訳は「車がキーキーと止まった」となるであろう．scream には，ある状態に至るという意味はないから，この表現も意味合成による意味の拡張を受けていると考えられる．この表現の基本となっている表現は (5a) であり，表題の文は (5c) のように書き換えられる．

（5） a. A car came to a stop at the kerb.
　　　b. A car screamed to a stop at the kerb.
　　　c. A car came to a stop at the kerb screaming.

scream は本来音を発する意味しかないが，それが come to a stop と意味合成することにより，停止する際に出る音を表し，停止の様態を記述している．このような拡張には，車などが発する音を表す screech, rumble, 移動の様態を表す slide などの表現が用いられる．

(5b) は移動が停止する際の表現であるが，移動表現についても同様の現象が見られる．

（6） a. The tramcar rumbled down the street.（ガラガラ音を立てて進

む）
(The tramcar ran down the street rumbling.)
    b.　The elevator wheezed upward.（ゼーゼー音を立てて昇る）
(The elevator moved upward (while) wheezing.)
    c.　The car screeched down the driveway.（キーキー音を立てて下る）
(The car ran down the driveway screeching.)

　これらの表現は，電車や車が音を出しながら進むことを表している移動表現である．これらの動詞の本来の意味は，ある種の音を発することであるので，移動を表すこれらの表現は意味拡張を受けていると考えなければならない．これらの表現の基本には，移動を表す意味構造 (7) があり，この意味に rumble などの意味がかぶさることによって (6) の表現が得られる．((7a) の PATH は，x が移動する経路を示しており，down, up, along などの前置詞として具現化される．)

(7)　a.　x MOVE PATH y（x が y を通って移動する）

　　b.　x RUMBLE

　意味合成を受けた (6) の動詞が，さらに使役化 (causativization) を受けて他動詞化されると，(8) のような表現が得られる．その意味は概略 (9) のように表される．(9) では (7) の意味が使役を表す意味要素 CAUSE の中に埋め込まれて，「z が x が y を通って移動するようにさせる」ことを意味している．

(8)　a.　They rumbled the tramcar down the street.
　　b.　The driver screeched the car down the driveway.
(9)　a.　z CAUSE [x MOVE PATH y]

　　b.　　　　　　x RUMBLE

　このようにして，本来「ある種の音を出す」という動詞の意味が，「音を出して移動する」の意味に拡張し，さらに「音を出して移動させる」の意

136　第 3 部　意味の仕組み

味にまで拡張される.

　ただし，音を出す表現がすべてこのような意味合成に従うのではない.

(10)　a.　*He yelled / shouted down the street. (叫びながら道を下る)
　　　b.　*They yelled / shouted John across the sidewalk.

これらの動詞は，人間がある種の音を発することを表しているが，このような場合には，(7a) や (9a) を基本形とする意味合成は不可能である. 意味合成の理論は，このような合成がなぜ不可能なのかも説明しなければならない.

3.3　John shouldered his way through the crowd.

　表題の文は make one's way を基本形とする派生形の1つであり，この表現を基本とする表現は多様である. この make は，make 20 miles (20 マイル進む) に見られるように「(ある距離を)行く，進む」の意味である. way は「ある距離」の部分に対応していると考えられる. この表現に進み方の手段・方法，随伴現象を表す(動詞)要素が意味的に重なり，多様な表現が生まれる.

(11)　a.　He pushed his way through the crowd. (押し進む)
　　　　　(Cf. He made his way through the crowd by pushing.)
　　　b.　The passengers fought their way through the hallway.
　　　c.　The soldiers were shooting their way through the enemies.
(12)　a.　Sue whistled her way through the tunnel. (口笛を吹きながら進む)
　　　　　(Cf. Sue made her way through the tunnel (while) whistling.)
　　　b.　Bill belched his way out of the restaurant. (げっぷを出しながら進む)
　　　c.　She crunched her way through the snow. (ザクザク音をたてながら進む)

(11a) は群衆を押し分けながら進むことを意味し，(12a) は口笛を吹きながら進んで行ったことを表している. したがって，動詞は，(11) では進

んで行く際の方法あるいは手段を表しているのに対して，(12)では進んで行く際に同時に起こる随伴現象を表している．(11)-(12)の動詞が本来移動を表す意味を持たないことは，次の例が非文であることからわかる．

(13) a. *He pushed / fought / shot through the crowd.
b. *He whistled / belched / crunched through the hallway.

したがって，(11)-(12)の表現は，make one's way を基本形として，それに動詞の意味が合成されることにより，意味拡張が起こったものと考えられる．意味拡張が手段・方法と解釈されるか，随伴現象と解釈されるかは，語用論的に決定されると考えられる．

さらに，次の例を見よう．

(14) a. He threaded / wove / wriggled his way through the valleys.
b. He inched / wormed / worked his way through the tunnel.
(15) a. He threaded / wove / wriggled through the narrow streets.
b. He inched ahead of the horse / wormed out of the situation.

(14)の例では，(11a)や(12a)で見たような書き換えはできない．(14a)の動詞は「縫うように/のたうつように進む」の意味であり，(14b)の動詞は「ゆっくり(少しずつ)進む」の意味を持ち，本来移動を表す意味を持っている．このことは(15)の移動表現が正しい文であることからわかる．したがって，(14)の表現は意味合成によるものではなく，進み方の様態を表す動詞が，make の代わりに取って代わった表現に過ぎない．以上，make one's way を基本とする意味拡張には，(11), (12), (14)の3つのタイプがあることを見た．

3.4 John jumped to his feet.

この表現の背後にも意味合成が働いている．この表現の基本形は(16a)であり，(16b)に見るように，get の代わりにさまざまな動詞を用いて，立ち上がり方の様態を表すことができる．

(16) a. He got to his feet.

　　　　b. He jumped / scrambled / staggered to his feet.

(16a) は単に立ち上がることを意味しているが，(16b) では急に立ち上がったり (jump)，よろよろと立ち上がったり (stagger)，這うように立ち上がる (scramble) ことを表している．この表現には，これらの動詞のほかに leap / spring / struggle / stumble / rise / start / lumber / lurch などが用いられる．

　この表現には他動詞用法もある．

(17)　a. He brought the old man to his feet.
　　　　b. He helped / raised / forced her to her feet.

(17a) が基本形で，人を立たせることを意味しているが，(17b) では手助けをして立たせたり (help)，強制的に立たせたり (force)，立たせる方法について述べられている．これらも，(17a) を基本形とする意味合成によって説明できる現象である．(17a) 自体も (16a) を基本形とする派生形である．

　3.2 から 3.4 まで多少固定的な表現を見てきたが，これらの現象は意味合成によって最も自然に説明できる．次に，もっと一般的な現象にも意味合成の現象が見られることを指摘しよう．

3.5　結果構文

　V–NP–AP/PP の連鎖を持ち，「NP が AP/PP の状態になる」という意味を表す表現を結果構文と言う．次の例が結果構文の例であるが，これらの例の動詞は，本来使役の意味しか持たない動詞であり，しかも (18) の用法しか持たない動詞である．したがって，これらの動詞が表している使役の意味は，基本的意味であると考えなければならない．そこで，その意味を (19) のように表すことにしよう．

(18)　a. The news rendered him speechless.
　　　　b. John made her mother angry.
　　　　c. His behavior turned me sick.

(19) x CAUSE [y BECOME Stage] (x が y をある状態になるようにさせる)

(19) の Stage はステージレベルの意味要素を表している．ステージレベルの意味とは，speechless, sick, angry, available (利用可能な) などのように，一時的状態を表す意味を言う (5.3.2 節参照)．

このことを前提として，次の文を見よう．

(20) a. John shouted himself hoarse. (叫んで声をからす)
      b. Locusts ate the country bare. (土地の植物の葉を食べつくして葉がない状態にする)
      c. The bankers will laugh him out of their offices. (笑いのめして事務所から追い出す)
      d. She wanted to talk me out of divorcing her. (離婚をとどまるように説得する)

これらの例に生じている動詞はすべて自動詞である (eat もここでは自動詞用法)．自動詞は目的語を持つ構文には生じないので，これらの構文の自動詞は，何らかの意味拡張を受けていると考えなければならない．そこで，これらの表現は，基本となる使役の意味構造 (19) に，自動詞の意味が合成された結果であると考えよう．

(21) a. x CAUSE [y BECOME Stage]
          | |
      b. x SHOUT

この意味構造では，SHOUT が使役を表す意味要素 CAUSE と結びついているので，x CAUSE-BY-SHOUTING [y BECOME Stage] の意味が得られる．この意味構造が得られると，shout は y と Stage を補部とする構造に生じることができる．(20a) では，himself が (21) の y に，hoarse が Stage に対応している．

　結果構文に合成操作が働いているとすると，補部を持つ自動詞が合成された場合，結果構文の構造に加えて，自動詞の補部も同じ構造の中に現れ

ることが予測される．そのような例として，次の例がある．

(22) a. Bill made himself blue in the face.
b. Bill talked about his latest adventure.
c. Bill talked himself blue in the face about his latest adventure.

(23) a. John made himself sick.
b. John laughed at her performance.
c. John laughed himself sick at her performance.

これらの例の(a)は，基本となる使役の意味構造を表す例であり，(b)は前置詞句を補部にとる自動詞の例である．(a)と(b)が合成された結果(c)が派生されると考えると，(c)に(a)と(b)の両方の補部が現れている事実がうまく説明できる．

次に結果構文に他動詞が現れている例を見よう．

(24) a. John wiped the table clean.
b. Sam bullied Max into leaving.
c. He punched John to death.
d. John putted his bag down.

これらの例では，補部に形容詞，前置詞，不変化詞が用いられている．動詞は他動詞であるので，意味合成は次のように行われる．

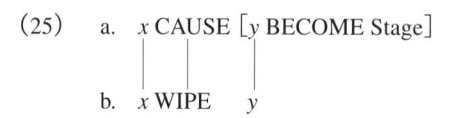

(25) a. x CAUSE [y BECOME Stage]
         | | |
   b. x WIPE y

この構造は x CAUSE-BY-WIPING [y BECOME Stage] と解釈される．この合成では，wipe の目的語 y が使役の意味構造の y と結びつけられている．このようにして，本来単純他動詞である wipe が結果構文に現れ，新しく結果を表す要素を補部にとることができる．

他動詞の合成の場合，(25)に見るように，y は他動詞の目的語と結びつくので，普通の目的語と同じ働きをする．これに対して，自動詞の場合には，結果構文の目的語の位置にある NP はこのような結びつきを持たな

いので，普通の目的語と異なる振る舞いをすると予測される．次の中間動詞の用法を見よう．

(26) a. *John$_i$ laughs t_i off the stage easily.（自動詞）
b. These tables$_i$ wipe t_i clean easily.（他動詞）

中間構文の主語は，動詞の直接目的語が前置された場合にのみ正しい文と認められる．(26a)では自動詞が主動詞であるので，その補部の位置にある NP は動詞の(直接)目的語ではない．したがって，John を主語の位置へ移動することはできない．これに対して，(26b)では，these tables が(意味構造で y 同士が結ばれた結果)動詞の直接目的語であるので，中間用法における目的語前置が可能となる．このようにして，(26a, b)の相違が説明できる．

最後に，意味要素 Stage について述べておこう．この意味要素は，既に述べたように，一時的状態を表す意味要素である．したがって，永続的性質を表す要素が結果構文の AP / PP の位置に生じることはできない．(27)の intelligent, in pieces は永続的状態を表しているので非文となっている．

(27) a. John laughed himself sick / *intelligent.
b. The man smashed the glass into pieces / *in pieces.

3.6 意味の余剰規則

これまで意味合成によって説明されるいくつかの例を見てきたが，ここでは意味余剰規則について見よう．ある要素 A が指定されていると，ある一般的な規則によって，A から別の要素 B が予測できるとき，B を余剰的 (redundant) であると言い，その一般的規則を余剰規則 (redundancy rule) と言う．以下で，二重目的語構文に見られる与格移動現象を意味余剰規則で説明してみよう．

与格移動の最も基本的な動詞は give であり，物の所有権の移動を表している．前置詞 to は本来移動の着点を表すので，(28a)は(抽象的な場合も含む)移動の概念が含まれていると考えよう．これに対して，(28b)は

所有の概念が含まれている．このことから，(28) の give の意味構造を，それぞれ，(29a, b) であると仮定しよう．

(28) a. John gave a book to Mary.
b. John gave Mary a book.
(29) a. x CAUSE [y MOVE <possession> TO z]
b. x CAUSE [z HAVE y]

(29a) は，移動に伴って所有権の移動が起こったことを表している．(29b) は「x が z に y を所有させるようにした」ことを表している．そして，(28a, b) の間には交替関係があるので，(29a, b) の意味の間にも何らかの関係があると考えるのは自然であろう．(28a, b) の両文が所有の移動を表しているのは，give の本来の意味が所有に関わる意味だからである．

ここで，float, throw, send の 3 つの動詞を見よう．Float には，既に見たように，「浮かんでいる」という状態を表す用法から移動を表す用法へと拡張が見られる．それが，さらに使役化を受けて，「浮かせて移動させる」の意味が派生し，(30) のような用法が可能となる．throw は本来ある方向に向かって物を投げることを意味しているが，移動を表す意味構造と合成されると，(31) のように一定の方向に物を移動する移動動詞として用いられる．send は，本来，物の移動を表す動詞である．これらの動詞の意味構造は，(33) のように示すことができよう．

(30) a. They floated the logs to the shore.
b. John floated the ball to George.
(31) a. John threw the ball to third base.
b. John threw the ball to Mary.
(32) a. John sent the package to New York.
b. John sent the package to Sue.
(33) x CAUSE [y MOVE <position> TO z]

(33) は，「x が y を z に移動させる」という意味を表している．そこで，このような意味構造があると，次のような意味余剰規則が適用されるものとしよう．

(34) a. x CAUSE $[y$ MOVE <position> TO $z] \rightarrow$
b. x CAUSE $[y$ MOVE <possession> TO $z]$

この規則は，y が移動して z に至る移動を表す意味構造（34a）がある場合，y は z の手に渡ることから，所有の移動の解釈（34b）が生まれることを表している．（34b）の意味構造が得られると，(29a, b) で述べた意味関係に基づいて，さらに次のような余剰規則を仮定できる．

(35) a. x CAUSE $[y$ MOVE <possession> TO $z] \rightarrow$
b. x CAUSE $[z$ HAVE $y]$ （$z =$ 人間）

これらの（34）-（35）にあげた意味余剰規則が，移動を表す（30）-（32）の動詞に順次適用されると，これらの動詞は最終的には（35b）に示す二重目的語構文の意味を持つことになり，その結果，(36) に示すように，所有の移動を表す二重目的語構文に生じることができるようになる．

(36) a. John floated George the ball.
b. John threw Mary the ball.
c. John sent Sue the package.

所有権を持つのは人間だけであるから，z に相当する要素が場所である次のような文は，正しい文とは認められない．（このことは，(35) の条件（z = 人間）で示されている．）

(37) a. *They floated the shore the logs.
b. *John threw third base the ball.
c. *John sent New York the package.

このように，移動の意味を持つ動詞は，意味余剰規則による意味変化の結果，二重目的語構文に生じることができるようになる．

4. 論理形式

4.1 論理形式とは何か

論理形式 (Logical Form = LF) をどのように考えるかは理論によって異なるが，ここでは最も標準的な考え方を見ることにしよう．

文の派生では，まず基底構造(D構造)が生成され，それに変形規則が適用されて表層構造(S構造)が得られるが，このS構造を入力として(一定の規則を適用して)得られる構造が論理形式 (LF) である．この論理形式に意味解釈規則が適用されて，意味解釈が得られる．

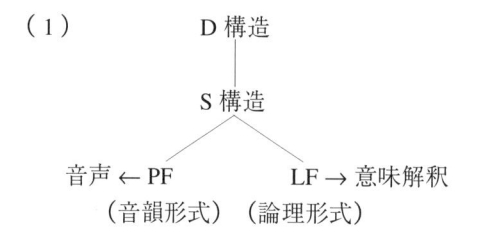

(1)　　　　　　D構造
　　　　　　　　｜
　　　　　　　S構造
　　　　　　／　　　＼
　　音声 ← PF　　　　LF → 意味解釈
　　（音韻形式）　　（論理形式）

したがって，論理形式は，意味そのものではなく，統語論(文法)と意味の間を結ぶインターフェイス(境界領域)の役割を果たしている．これは，PFが音声そのものを表しているのではなく，音声と文法の間のインターフェイスの機能を果たしているのと同様である．

論理形式は，次のように規定される．

(2)　論理形式
　　　論理形式とは，意味解釈に必要とされるすべての文法構造が与えられる構造の集合である．

論理形式は，表示のレベル(一定の規則によって派生される構造の集合)である((1)のD構造，S構造，PFも表示のレベルを表している)．論理形式は，(2)に示したように，意味解釈に必要な文法上の情報が与えられるレベルであるので，(2)の内容は次のように述べ直してもよい．

(3) 数量詞の作用域，否定の作用域，疑問詞の作用域と束縛，法 (modality)，代名詞束縛，焦点と前提などの意味に関わる諸特徴は，論理形式において処理される．

論理形式は，(2)で見たように一定の構造の集合を指すので，以下では，そこに含まれる個々の構造をLF構造と呼んで，論理形式と区別することにしよう．

　文の意味とS構造の間に論理形式のレベルを設定するのは，数量詞や疑問詞を持つ文は，これらの要素を含まない文と異なる特別の意味特徴を持つからである．この点を下記(4)，(5)の例で検討しておこう．(4a)は，Johnという人物がいて，その人がleftすれば，この文は真(true)であると言える．このことは(4a)の構造で表示されているので，その論理表記は(4b)のように表示できる．これに対して，(5a)のeveryoneはどの指示物を指すのか特定できず，everyoneの一人一人について，その人がleftしたかどうか確かめなければ，この文の真偽は決定できない．そこで，everyoneをeveryの部分とそこに含まれるメンバーの集合を規定する部分に分けて，(5b)のように表記しよう．この表記によると，xの部分にeveryoneを構成する一人一人のメンバーを当てはめることにより，(4)と同様に真偽を確かめることができる．そして，すべてのxの値についてx leftが成り立つ時，(5a)は真であると言える．

(4) a. [$_{IP}$ John [$_{VP}$ left]]
　　 b. [John left]
(5) a. Everyone left.
　　 b. [Every x: x a person] [x left]

　このことを念頭に置いて，(4b)と(5b)のLF構造を考えてみよう．(4a)の表層構造は，表記上の違いを無視すれば，(4b)と同じであるので，そのLF構造は(6a)のようになる．これに対して，(5b)のLF構造は，S構造から直接得られるものではない．そこで，(5a)に対しては，(6b)に示すような操作が適用されると仮定しよう．

(6) a. [$_{IP}$ John [$_{VP}$ left]] → [John [left]]
　　 b. [$_{IP}$ Everyone [$_{VP}$ left]] → [$_{IP}$ Everyone$_i$ [$_{IP}$ t_i [$_{VP}$ left]]] →
　　 c. [Every x: x a person] [x [left]]

(6b)の第1段階の操作は，統語構造からLF構造を作り出す操作で，数量詞繰り上げ(Quantifier Raising = QR)と呼ばれる(May 1985).このQRが適用された構造に一定の操作を適用することにより，(6c)の論理構造が得られ，最終的に意味解釈が行われる.

4.2 数量詞の作用域

前節で，数量詞を含む文は，QRの適用により派生される論理構造を仮定してはじめて，その文の真偽が決定可能であることを見た.次の文には，数量詞が2つあるので，それぞれの数量詞にQRが適用されなければならない.そのようにして得られた結果が(8)である.

(7) 　Every linguist loves someone.
(8) a. [$_{IP}$ Every linguist$_i$ [$_{IP}$ someone$_j$ [$_{IP}$ t_i loves t_j]]]
　　　　[every x: x a linguist [some y: y a person [x loves y]]]
　　 b. [$_{IP}$ Someone$_j$ [$_{IP}$ every linguist$_i$ [$_{IP}$ t_i loves t_j]]]
　　　　[some y: y a person [every x: x a linguist [x loves y]]]

そうすると，(7)は2つの論理構造を持つので，それに対応して2つの解釈を持つと予想される.事実，この文は次の2つの解釈を持ち，多義である.1つの解釈は，(i)各言語学者がそれぞれ1人の人を愛している，もう1つの解釈は，(ii)すべての言語学者が愛している1人の人がいる，である.

数量詞の影響が及ぶ範囲を作用域(scope)と言うが，数量詞の作用域は次の条件によって決定される.

(9) 　数量詞の作用域は，その数量詞が構成素統御する部分である.(ここで，αがβを支配せず，αを支配する最初の枝分かれ節点がβも支配していれば，αはβを構成素統御(c-command)すると言う.次の構造を見よう.

```
        A
       / \
      α   B
         / \
        C   β
```

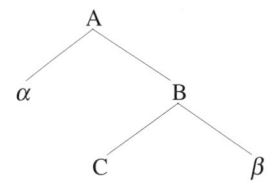

この構造で，α は β を支配せず，α を支配する最初の枝分かれ節点 A が β を支配しているので，α は β を構成素統御している．同様に，α は B も C も構成素統御している．)

　この条件によれば，(8a) では every linguist の作用域は IP2 であり，その中に someone があるので，every linguist が someone よりも広い作用域を持つ．これに対して，(8b) ではその逆になっている．したがって，(8a) では，各言語学者ごとに愛している人がいるという (i) の解釈が得られるのに対して，(8b) では，someone の方が広い作用域を持つので，すべての言語学者が愛している人が 1 人いるという解釈 (ii) が得られる．このようにして，(7) が持つ 2 つの解釈が QR によって説明される．
　もう 1 つの例を見よう．

(10)　　John believes that someone is in the room.

QR が数量詞を節の先頭に移動する操作であるとすると，someone は埋め込み節の先頭に移動される場合と主節の先頭に移動される場合がある．その結果，それぞれの LF 構造は (11a, b) となる．

(11)　a.　John believes that [some x: x a person] [x is in the room]
　　　b.　[some x: x a person] [John believes that x is in the room]

(11a) は，John がある人が部屋にいることを信じていることを意味しているのに対して，(11b) は，ある特定の人がいて，John はその人がいる場所が部屋の中だと信じているという意味である．すなわち，someone が John の信じている世界の中の人であるか，そうでないかの 2 通りの解釈を持つことになる．事実，(11) はこの 2 つの解釈を持ち，この多義性が QR によって説明される．

4.3 WH 疑問文の解釈

次の疑問文を見よう．

(12) a. What did John buy?
b. What does Bill know that John bought?
c. Bill knows what John bought.

(12a) に対しては (13a) のように，(12b) に対しては (13b) のように答えることができるが，この逆は成り立たない．この事実はどのように説明されるのだろうか．

(13) a. John bought the pipe.
b. Bill knows that John bought the pipe.

(12a, b) では，文頭に wh 語が移動されている．文頭に移動された wh 語は，数量詞の場合と同様に，それが構成素統御する部分を作用域とすると仮定しよう．そうすると，(12a) の wh 語の作用域は John bought X の部分であるので，その答えは (13a) であって (13b) ではない．これに対して，(12b) では，wh 語の作用域は文全体であるので，(13b) は適切な答えであるが，埋め込み文のみを作用域としている (13a) は，不適切な答えである．(12c) では，wh 語が補文内にあるので，疑問詞に直接答えることはできない．

このように，文頭に移動された wh 語は，その移動された位置で作用域を持ち，その作用域内にある部分が，適切な答えを決定する枠組みを提供している．そして，wh 語の元の位置が答えの部分を当てはめる位置を示している．すなわち，wh 語の位置が作用域を決定し，元の位置(痕跡の位置)が答えの位置((14) で x で示されている)を決定している．(12a, c) を LF 構造に書き表すと，それぞれ，次のようになる．

(14) a. [For which x: x a thing] [John bought x]
b. Bill knows: [for which x: x a thing] [John bought x]

これらの例では，S 構造と LF 構造が(ほぼ)同じ形式をしているので，

特に論理形式を必要としないように見える．そこで，次のような文を考えてみよう．

(15) Who remembers where we bought what?
(16) a. John remembers where we bought the books, Bill remembers where we bought the pencils, and Mary remembers where we bought the pens.
　　 b. John does. John remembers where we bought what.

(15) は，2 通りの解釈を持ち，それに応じて (16a, b) のように答えられる．(16a) では who と what に対して答えが与えられている．(16b) では who に対してのみ答えが与えられている．まず，(12a, c) の対比において，主節の文頭に wh 語がある (12a) の場合に限って，その wh 語に対して答えることができることを思い出そう．そして，(15) の what のように，移動しないで元位置にある wh 語は，節の先頭に移動している wh 語の位置で解釈されると仮定しよう．このように仮定すると，(16a) では，who と what の両方に答えているので，what は何らかの方法で主節の文頭の who と同じ位置まで移動していなければならない．一方，(16b) では，who に対してのみ答えているので，what は who の位置までは移動しておらず，where の位置に移動していると考えなければならない．すなわち，(15) の LF 構造は，概略，次のように表される．

(17) a. [Who / what$_i$ remembers [where we bought t_i]]
　　　　[For which x, y: x a person, y a thing [x remembers [where we bought y]]]
　　 b. [Who remembers [where / what$_i$ we bought t_i]]
　　　　[For which x: x a person [x remembers [[which y, z: y a thing, z a place [we bought y at z]]]]]

この構造が与えられると，(17a) では who と what 両方に，(17b) では who だけに対して答えることができる．このようにして，(15) に対する 2 つの答えの可能性が説明できるが，(17) の構造は，(15) の S 構造から直接得られるものではなく，論理形式において元位置の wh 語を移動する (wh

移動のような) 一定の操作が必要であることを示している.

4.4 束縛代名詞

代名詞の用法には, John のような指示表現を先行詞とする場合と, 数量詞や wh 語を先行詞とする場合の 2 通りがある. この後者の用法を束縛代名詞 (bound pronoun) と呼ぶ. 4.1 で, everyone のような数量表現は, それ自体では特定の指示物を指すことはできず, (every x: x a person) のように書き換えられると述べた. そして真偽を確かめるためには, すべての x について検討する必要があることを述べた. 束縛代名詞は, この x に相当する部分を指し, x に与えられる値によって, それが指示するものが異なるという性質を持っている.

具体例に即して考えてみよう. (18a) に QR を適用すると (19a) の LF 構造が得られ, それを論理構造に書き換えると (19b) の構造が得られる. (20a) は (18b) の S 構造であり, (20b) はその論理構造である. ((18) には, 代名詞が every boy あるいは who と無関係の人を指す読みもあるが, ここでは扱わない.)

(18) a. Every boy likes his mother.
b. Who likes his mother?
(19) a. [$_{IP}$ Every boy$_i$ [$_{IP}$ t_i likes his mother]]
b. [every x: x a boy] [x likes x's mother]
(20) a. [$_{CP}$ Who$_i$ [$_{IP}$ t_i likes his mother]]
b. [For which x: x a person] [x likes x's mother]

(19b), (20b) で, 代名詞が x に置き換わっているが, このように論理構造において変項 x に置き換えられるのが束縛代名詞であり, 数量詞や wh 語に付与される x の値に従って代名詞の指示対象も異なってくる.

束縛代名詞と普通の代名詞との間には, 次のような違いが見られる.

(21) a. His$_i$ mother loves John$_i$.
b. *His$_i$ mother loves someone$_i$.

この 2 つの文はまったく同じ構造を持っていて, (21a) では his は John を

先行詞とする解釈が可能である．これに対して，(21b) の his は束縛代名詞としての解釈を持たない．これはどのような理由によるのであろうか．
　(21b) の someone は数量詞表現であるので，QR の適用を受け，次の構造が派生される．

(22)　　*[$_{IP}$ Someone$_i$ [$_{IP}$ his$_i$ mother loves t_i]]

his が束縛代名詞としての解釈を持てないのは，この構造に原因があると考えられる．そこで，これと似た現象が見られる wh 疑問文を見よう．

(23)　a.　[Who$_i$ [t_i loves his$_i$ mother]]
　　　b.　*[Who$_i$ does [his$_i$ mother love t_i]]

(23a) では，束縛代名詞の解釈が可能であるのに対して，(23b) では不可能である．ここで，(22) と (23b) の構造を比較すると，両者には，変項 (t_i) が代名詞を構成素統御していないという共通の特徴が見られる．したがって，束縛代名詞には次のような条件が課せられる．

(24)　　代名詞が束縛代名詞として解釈されるためには，その代名詞は，数量詞・wh 語によって束縛されている変項によって，構成素統御されていなければならない．

この条件により，(19a) と (20a) では，代名詞が変項によって構成素統御されているので，束縛代名詞の解釈が可能である．これに対して，(22) = (21b) と (23b) では，代名詞が変項によって構成素統御されていないので，束縛代名詞の解釈は不可能である．なお，(22) や (23b) では，数量詞や wh 語が，それが束縛する代名詞を越えて移動し，非文法的となっているので，この現象を交差現象 (crossing phenomena) と呼んでいる．

4.5　先行詞を含む削除

　同一の動詞句がある場合，一方が他方を先行詞として削除される，動詞句削除の現象が見られる．

(25) a. John [VP1 likes apples] and Mary does [VP2 e], too.
     b. John [VP1 likes apples] and Mary (does) [VP2 like apples], too.

(25a) では，VP1 を先行詞として VP2 が削除されている．この削除現象は，現在では，削除規則によってではなく，解釈規則によって説明されている．すなわち，(25a) の空の VP2 は基底構造で生成され，これに先行詞の VP1 をコピーすることによって (25b) の構造が得られ，VP2 が解釈される．

先行詞を含む削除 (Antecedent-Contained Deletion = ACD) とは，削除されている要素の中にその先行詞が含まれるような削除を言う．

(26) a. John likes everyone that I do.
     b. John [VP1 likes [everyone that I do [VP2 e]]]

削除されている空の VP2 を解釈するために，その先行詞になっている VP1 を VP2 に代入する方法を考えてみよう．そうすると，次の構造が得られる．

(27)   John likes everyone that I (do) [VP2 like [everyone that I do [VP e]]]

この構造には，VP2 を先行詞とする [VP e] が再び生じるので，この空の VP を解釈するために同じ操作を再び適用しなければならない．そうすると，再び空の VP が生じることになり，この操作は無限に続き，正しい解釈が得られない．

ところが，(26) の everyone I do [e] の句は数量詞表現であるので，QR の適用を受けなければならない．その結果，次のような構造が得られる．

(28)   [Everyone$_i$ that I do [VP2 e]] [John [VP1 likes t_i]]

この構造に VP1 を VP2 にコピーする規則が適用されると，次の構造が得られる．

(29)   [Everyone$_i$ that I [VP2 likes t_i]] [John [VP1 likes t_i]]

この LF 構造は，「私が好きなだれもをジョンが好きだ」という解釈を正

しく表している．このように，ACD の解釈は，論理形式で QR を適用することによってうまく説明できるので，論理形式を設定する根拠の 1 つとなっている．

本章では，生成文法の論理形式部門に関して，まず，論理形式とは何かという問題を見た後で，数量詞の作用域，wh 疑問文の解釈，束縛代名詞などの問題が，論理形式でどのように扱われているかを検討し，最後に，論理形式の必要性を示す現象として，先行詞を含む削除の問題を見た．

5. 論理形式と意味のインターフェイス

5.1 定名詞句と不定名詞句

定冠詞を伴う the book のような名詞句は，話者が，その名詞句によって指し示される指示物を，聞き手が理解できると考えるような文脈で用いられる．すなわち，定名詞句は，話し手にとってはもちろん，聞き手にとっても，その指示物が明白で同定可能 (identifiable)（その指示しているものがわかる）である場合に用いられる．これに対して，不定名詞句は，聞き手にとっては常に新情報であり，それが指し示す指示物を同定することはできない．一方，話し手から見ると，それが指し示す指示物の存在が前提とされていて同定可能である場合と，話し手自身にもその指示物が不明で，同定不可能な場合とがある．ここでは，このような不定名詞句の解釈について見ることにしよう．

5.2 不定名詞句と特定性

不定名詞句は，聞き手にとっては新情報となる表現であるので，それが指示する指示物を同定することはできない．これに対して，話者にとってその指示物が同定可能かどうかは，それが生じる環境によって異なる．次の 2 つの文を比較してみよう．

(1) a. John has a car.

   b. John wants to have a car.
(2) a. I saw a handsome blond.
   b. The casting director is looking for a handsome blond.

 (1a) の a car は，通例ジョンが所有する特定の車を表しているので，それが指す指示物は話者にとって同定可能である．これに対して，(1b) では，(1a) と同様に，ある特定の車をジョンがほしがっている場合と，現時点では同定不可能で，ジョンの願いが成就した時にはじめて a car の指示物が決定できる場合の 2 通りの解釈がある．(2) も同様で，(2a) では，特定の人に会ったことを意味しているのに対して，(2b) では，特定の人を捜しているという解釈に加えて，不特定の人を捜しているという解釈も成り立つ．このように，(話者から見て) 同定可能な特定の指示物を指す場合を特定的 (specific) 解釈と呼び，同定不可能な場合を非特定的 (non-specific) 解釈と呼ぶ．特定的とは，話者にとってその存在が前提とされている，すなわち，何を指すかが前もって決まっているという解釈である．

 (1), (2) の例の (a) と (b) の違いが，(1b) では want, (2b) では look for が含まれている点にあることは明らかである．want はその補文 (不定詞の部分) で示されている事柄が実現していないことを表しているし，look for はあるものの存在を探し求めているので，その対象が存在しているかどうかはわからない．したがって，これらの文に関して，次の 4 つの事柄が成り立っている．

(3) a. (1a), (2a) の不定名詞句は特定的解釈を持つ．
  b. (1b), (2b) の不定名詞句は特定的，非特定的解釈の 2 つの解釈を持つ．
  c. (1b) では，for John to have a car という出来事は実現されていない．(2b) では，for the director to find a handsome blond の出来事は実現されていない．
  d. (1b), (2b) の非特定的解釈は，この出来事の非実現性に依存している．

 このように，want や look for の動詞は，ある事柄が実現されていないこ

とを表すという共通の意味特徴を持っている．そして，そのような実現されていない事柄を表す動詞と共に生じる不定名詞句は，非特定的解釈を持つことがわかる．このような特徴を示す動詞には，wish for, hope for, wait for, plan, try, intend, desire, request などがある．

さらに，次の例を見よう．

(4) a. It is likely that John caught a fish.
b. John will catch a fish.
c. John didn't catch a fish.

(4a) の likely は that 補文の内容が事実である可能性・蓋然性を表している．このような特徴を持つものに，possible, probable, certain などの形容詞や may, might, could, should などの法助動詞がある．(4b) の will は未来の事柄を表しているので，catch a fish という事柄はまだ実現されていない．(4c) は否定文であるので，その事柄が実現されなかったことを示している．

これらの文 (1b), (2b), (4a–c) を通覧すると，話者が一定の事柄の実現可能性について述べているという共通点があり，しかもその事柄はまだ実現されていないか，不確かであるか，実現されなかったかのいずれかである．したがって，その中に含まれる不定名詞句の存在自体も不確かであるので，その指示物は同定不可能であり，非特定的解釈が生じる．

ここでは，このような特性を持つ動詞，形容詞，法助動詞を一括して法要素 (modal element) と呼ぶことにしよう．法要素が存在すれば，不定名詞句がどこにあっても非特定的解釈が可能であるかというと，そうではない．非特定的解釈が可能であるためには，通例，不定名詞句が法要素の補部の位置になければならない．次の例を比較しよう．

(5) a. John wants [to see a beautiful blonde].
b. A beautiful blonde wants [to go to the party].

(5a) の不定名詞句は want の補部の位置(括弧内の位置)にあるので，非特定的解釈が可能である．これに対して，(5b) の主語の不定名詞句は want

の補部内の位置にはないので，特定的解釈しか持たない．
　もう1つの例を見よう．

(6) a. A unicorn_i is likely [t_i to appear on your doorstep]
　　 b. A unicorn_i is anxious [PRO_i to damage the walls]

(6a)では，不定名詞句が主語の位置にあり，likelyによって構成素統御されていない(likelyの補部以外の位置にある)にもかかわらず，不定名詞句は非特定的解釈を持つことができる．これは，(6a)が繰り上げ構文(raising construction)であることに起因する．a unicornは，痕跡 t で示される補文の主語の位置から主文の主語の位置へ繰り上げられている．したがって，不定名詞句は，主節の主語の位置と痕跡の位置のいずれかで解釈される．不定名詞句が，主節の主語の位置で解釈されると，likelyの補部外の位置にあるので，特定的解釈を持つ．一方，痕跡の位置にもどして解釈されると，補部内の位置にあることになるので非特定的解釈を持つ．これに対して，(6b)はコントロール構文であるので，主語はもともと主文の主語の位置にある．したがって，主節の主語はこの位置で解釈を受けなければならない．このことから，この文の主語の不定名詞句はanxiousの影響下に入ることはなく，特定的解釈しか持たないことが説明される．

　特定的，非特定的の区別は，談話において，代名詞で指示できるかどうかで判断できる．次の(7a)では，it が a car を指示できるので，a car は特定的解釈を持っている．(7b)では，それが不可能であるので，a car は非特定的解釈を持っている．

(7) a. She has a car. It's blue.
　　 b. She doesn't have a car. *It's blue.

非特定的解釈の不定名詞句は，不定代名詞 one で受けることができる．

(8)　　The casting director is looking for a handsome blond.
(9) a. There is a (particular) handsome blond that the casting director is looking for.
　　 b. The casting director is looking for any man who is handsome and

blond.

(10)　a.　She found him in North Dakota.
　　　b.　She found one in North Dakota.

(8) は (9a, b) の解釈を持ち, 多義である. (9a) の解釈の場合, a handsome blond は特定的解釈であり, この時には (10a) のように定代名詞 him で受けることができる. これに対して, (9b) の解釈の場合は, 不定名詞句は非特定的解釈を持ち, (10b) に示すように, 不定代名詞 one が用いられる.

　最後に, 不定名詞句の2つの解釈を記述する仕組みについて見ておこう. 既に見たように, 不定名詞句が非特定的解釈を持つのは, それが法要素の影響下にある時である. (11) の例を見よう.

(11)　　John tried to find a diamond.

この例の a diamond は, 非特定的解釈と特定的解釈のいずれにも解釈できるが, この解釈の相違(多義性)を捉える方法の1つとして, 不定名詞句は, 論理形式で QR により IP (あるいは VP) に付加される位置に移動されると仮定しよう. そうすると, (11) に対して, 次の2つの構造が得られる.

(12)　a.　[$_{IP}$ A diamond$_i$ [$_{IP}$ John tried [$_{IP}$ PRO to find t_i]]]
　　　b.　[$_{IP}$ John tried [$_{IP}$ a diamond$_i$ [$_{IP}$ PRO to find t_i]]]

この LF 構造が与えられると, (12a) では, a diamond は try の作用域 (すなわち, 埋め込みの IP) の外にあるので特定的解釈を持ち, (12b) では, その作用域内にあるので非特定的解釈を持つ. このようにして, a diamond の特定的解釈と非特定的解釈の区別が説明される.

　まとめると, 不定名詞句には, その指示物の存在が話者にとって前提とされていて, 同定可能である特定的解釈と, その指示物の存在が前提とされておらず, 同定不可能である非特定的解釈がある. 非特定的解釈は, 不定名詞句が法要素の影響下にあるときに見られる現象である.

5.3 裸複数名詞句と写像仮説

5.3.1 VP内主語仮説と写像仮説

一般に，主語は基底構造でも表層構造でも同じ位置にあると考えられているが，最近の研究では，主語は基底構造では動詞句の内部に生成され，それが表層構造の主語の位置に移動すると仮定されている．これを図示すると次のようになる．

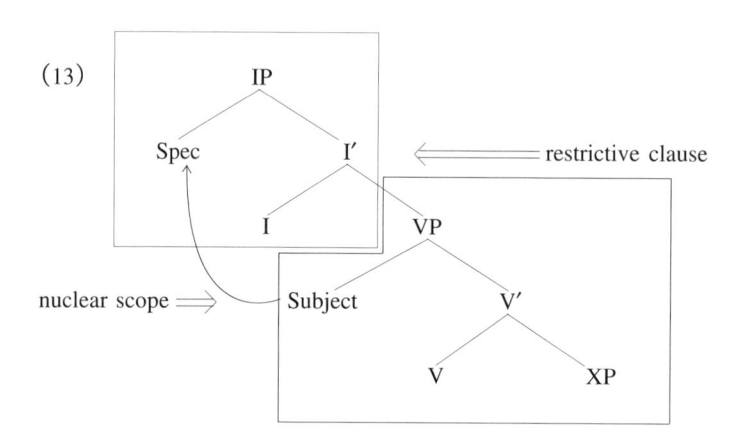

(13)

```
        IP
       /  \
     Spec   I'         ⇐=== restrictive clause
      ↑    / \
      |   I   VP
      |      /  \
nuclear scope ⇒ Subject  V'
                       /  \
                      V    XP
```

主語は，矢印で示されているように，VP内の位置からIPの指定部（Spec）の位置へ移動される．主語が基底構造ではVP内にあるとする考え方をVP内主語仮説（VP-Internal Subject Hypothesis）と呼ぶ．

Diesing (1992) は，統語構造とLF構造（意味表示）を結びつける原理として写像仮説 (mapping hypothesis) を提案している．この仮説は，(13) に示すように，文構造を2つの部分に分け，IPの部分が論理構造の制限節（restrictive clause）に，VP部分が中核作用域（nuclear scope）に対応するという考え方である．写像仮説は次のように述べられる．

(14) a. IP内にある要素は，制限節に写像される．
　　　b. VP内にある要素は，中核作用域に写像される．

これらのことを前提として，複数名詞句の問題を考えよう．

5.3.2　主語の裸複数名詞句の解釈

　主語の冠詞を伴わない複数名詞句（裸複数名詞句）は，述語の性質によって解釈が異なってくる．述語は，available, asleep, be born, lying on the floor のように一時的状態や出来事を表すステージ述語（stage-level predicate）と，intelligent, unsuitable for eating, know, have four legs などのように永続的状態を表す個体述語（individual-level predicate）の2つに分けられる．裸複数名詞句が主語の場合，いずれの述語が用いられるかによって解釈が異なってくる．(15)がステージ述語の例であり，(16)が個体述語の例である．

(15)　a.　Firemen are available.
　　　b.　Boys have been born.
　　　c.　Carpenter ants destroyed my garden.
(16)　a.　Linguists are intelligent.
　　　b.　Boys know the novels of Karl May.
　　　c.　Brussels sprouts are unsuitable for eating.

(15a)では，主語は総称的（generic）解釈と存在の解釈を持ち，多義である．すなわち，「消防士というものはいつも出動可能である」という総称的解釈と，「出動可能な消防士がいる」という存在を表す解釈である．(15b)は「(最近)生まれた男の子がいく人かいる」，(15c)は「庭をだめにしたオオアリがいた」という存在の解釈を持っている．これに対して，(16)の文は総称的解釈を持ち，(16a)は「言語学者というものは(一般に)知的である」(16b)は「(一般に)少年というものはカール・メイの小説を知っている」という意味である．

　上記の文の(15a)と(16a)を比較すると，(15a)のように裸名詞句がステージ述語の主語である時には，総称的解釈と存在の解釈を持ち，多義的に解釈されるのに対して，(16a)のように述語が個体述語である場合には総称的解釈しか持たない．このように，裸複数名詞句が，ステージ述語の主語になるか，個体述語の主語になるかによって解釈が異なるが，この事実を説明するのが本節の目的である．

このような解釈の違いを，統語構造の違いに基づいて論理構造に移し替える一般原理が写像仮説である．ここで，次の2つの仮定をしよう．1つは，裸複数名詞句の解釈に関わる原理で，次のように規定される．

(17) a. 制限節に写像される裸複数名詞句は，総称量化子（Gen）によって束縛される．
b. 中核作用域に写像される裸複数名詞句は，存在量化子(∃)によって束縛される．

もう1つの仮定は，ステージ述語と個体述語は異なる構造を持つという仮定である．ステージ述語の文では，VP内主語仮説に従って，主語はもともとVP内の位置にあり，それがIPの指定部に移動される．これに対して，個体述語の場合には，VPの指定部にはPROがあり，主語はもともとIPの指定部に生成される．したがって，両者の構造は次のように示される．

(18) a. $[_{IP} [_{Spec} Firemen_i]$ Tense $[_{VP} [_{Spec} t_i]$ be available$]]$ （ステージ述語）
b. $[_{IP} [_{Spec} Linguists_i]$ Tense $[_{VP} [_{Spec} PRO_i]$ be intelligent$]]$ （個体述語）

すなわち，ステージ述語の構造は繰り上げ構造であるのに対して，個体述語の構造はコントロール構造である．(18a)の繰り上げ構造の場合，主語はIP指定部の位置でも，VP指定部の位置(痕跡t)でも解釈可能である((6a)の例で見たように，移動した名詞句を論理形式ではもとの位置に戻して解釈することが可能であった)．これに対して，(18b)では主語はIP指定部の位置でのみ解釈される．

これらのことを前提として(18a)を見ると，firemenがIPの指定部位置で解釈される場合には，(14a)と(17a)により(19a)の論理構造が得られる．一方，VPの指定部位置で解釈されると，(14b)と(17b)により，(19b)の論理構造が得られる．

(19) a. [Gen x: x a fireman] [x is available]

b. ［∃x: x a fireman］［x is available］

これに対して，(18b)では，主語はもともとIP指定部の位置にあるので，(14a)と(17a)により，IP指定部の裸複数名詞句は総称量化子によって束縛されるので，(20)に示す論理構造のみが得られ，総称的解釈しか持たないことが説明される．

(20)　［Gen x: x a linguist］［x is intelligent］

このようにして，裸複数名詞句の解釈が，述語がステージ述語であるか個体述語であるかの違いに応じて異なることが，(14)の原理に基づく(17)の仮定と(18)の構造の違いによって説明される．

もう1つの例として，(15b)を見よう．be born はステージ述語であるので，主語 boys が VP 内で解釈される場合と IP 内で解釈される場合とがある．主語が VP 内にある場合には，(19b)と同様の論理構造を持ち，存在量化の解釈を持つ．一方，IP指定部にある場合には，(19a)と同様の論理構造を持ち，総称的解釈が可能なはずである．しかしこの例には総称的解釈はなく，存在量化の解釈しかない．その理由は，総称的解釈が可能であるためには，時制が単純現在形である必要があり，(15b)の完了時制と総称的解釈とはなじまないからである．

5.4　特定性と述語の種類

前節で，主語の裸複数名詞句の解釈と述語の性質との間に相関関係があることを見たが，ここでは，主語位置にある単数不定名詞句の特定性と述語の性質の関係について見よう．

(21)　a.　A lion is a fierce animal.
　　　b.　A bird flies.

(21a)の述語は個体述語である．したがって，IP指定部の位置で解釈されるので，(14a)に従って制限節へ写像される．そして，この場合，裸複数名詞句の場合と同様に，単数不定名詞句が総称量化子によって束縛されると考えると，(21a)の総称的解釈が説明できる．これに対して，(21b)の

述語はステージ述語であるので，主語は IP 指定部の位置でも，VP 指定部の位置でも解釈可能である．しかし，fly のような活動動詞が現在時制で用いられる時には，具体的事象は表せないので，存在を表す解釈は不可能であり，主語が IP 指定部で解釈される総称的解釈だけが許される．このようにして，(21) の文がいずれも総称的解釈を持つことが説明される．

次に，過去時制を持つ次のような文を見よう．

(22) a. A boy knew the novels of Karl May.
　　 b. A linguist was intelligent.
(23) a. A boy appeared with green eyes.
　　 b. A boy was born.

(22) の述語は個体述語であり，その主語である a boy/a linguist は存在が前提とされている特定の人を指し，特定的解釈を持っている．これに対して，(23) の述語はステージ述語であり，出現を表している．したがって，主語の不定名詞句は，その存在が前提とされているのではなく，その存在が主張されている．この事実も，写像仮説によって説明できる．(22a)，(23a) の文は，それぞれ，次の構造を持っている．

(24) a. [$_{IP}$ A boy$_i$ [$_{VP}$ PRO$_i$ knew the novels of Karl May]]
　　 b. [$_{IP}$ A boy [$_{VP}$ t_1 appeared t_2 with green eyes]]

(24a) は個体述語であるので，(14a) に従って，主語は IP 指定部で解釈される．このような場合，不定名詞句の指す指示物の存在は前提となっていて，不定名詞句は特定的解釈を持っている．これに対して，(24b) はステージ述語であるので，(14b) に従って，VP 内で解釈することが可能である．この場合，裸複数名詞句と同様，存在量化子によって束縛されると仮定すると，不定名詞句はその指示物の存在を主張している解釈が得られる．このようにして，主語の不定名詞句の解釈と述語の性質の相関関係を説明できる．

最後に，単数不定名詞句についてまとめると，不定名詞句には，総称的解釈，特定的解釈，非特定的解釈の 3 つの用法があり，特定的不定名詞句

には，その存在が前提とされている場合と，その存在が主張されている場合の2通りの場合がある．非特定的解釈では，不定名詞句の指示物は同定不可能であり，その存在は前提も主張もされていない．

6. おわりに

　第3部では，重要と思われるいくつかの意味理論について，具体例の分析を通して基本的考え方を見てきた．現在の意味論は多様で，形式意味論，語彙意味論，認知意味論，論理形式のいずれの分野内においても，いくつかの異なる理論が競合する状態で研究されている．

　その中で，形式意味論の分野では，モンタギュー意味論を源泉とする一般量化子理論（generalized quantification theory）と談話表示理論（discourse representation theory）に基づく意味論に注目したい．一般量化子理論は，全称記号∀や存在記号∃などの一般的論理記号では正しく捉えられない many, few, most などの量化表現をより一般的な方法で捉え直し，自然言語の名詞句を統一的に処理することを目指している．また，談話表示理論は，従来の真偽値を問題とする意味論と意味内容を問題とする意味論を融合する試みである．この理論の特徴は，従来の意味論のように文を対象とするのではなく，文を越えた談話を対象とする点，および，単に文の真理条件を問題とするのではなく，文の意味内容の表示を重要視する点にある．そして，この理論で用いられる要素は人間の認知構造の表示としての役割を果たすと考えられている．

　語彙意味論では，Beth Levin と Rappaport Hovav らを中心に精力的に研究がなされており，今後の新しい展開が期待される．認知意味論では，人間の認知様式をどのように捉えるかによって，いくつかの異なる理論が提案されている．論理形式では，統語論におけるミニマリスト・プログラムの進展と共に，Hornstein などを中心に新しい考え方が提示され始めている．

　このように，意味論の分野は，これから大きく発展する可能性を持つ興味深い分野であると言ってよいであろう．

第4部　ことばと認知の仕組み

はじめに

　ラジオで高校野球の実況放送を聴いている場面を想像してみよう．滑らかな口調でアナウンサーが一刻一刻と戦況を伝えている．それを聴いている私たちは，あたかも目の前で観戦しているかのように，投手や打者の動きがよくわかる．実にリアルで，思わず手に汗を握ってしまう．恐らく，アナウンサーが手慣れているからであろう．ゲームの核心となる動きを，まるで精巧なテレビカメラのように巧みに写し取り，伝えているのである．

　これは，私たちが日頃経験するごく普通の情景であり，とりたてて不思議に思うことは何もない．しかし，この実況放送を言語学の視点から分析してみると，実に興味深いことが明らかになる．まず，この実況放送で重要な役割を果たしている要素は3つある．①アナウンサー，②アナウンサーの発することば，そして③聴者の私たち，である．

　まずアナウンサーの仕事は，眼前で繰り広げられているゲーム(客観的事象)から，伝達する部分(伝達内容)を瞬時に選び，ことばに移し換えること(言語化)である．次に，アナウンサーから発せられたことばは，線的な音声の構造となって，聴き手の私たちのもとに届く．私たちは伝達内容を理解し，生き生きとした戦況を心に描く．もちろん，この時にアナウンサーのことばと一緒に伝わる球場の騒音も，伝達内容の解釈に大きな役割を果たすであろう．

ここで興味深いのは，3要素間の関わりである．①のアナウンサーが伝えようとしているのは，動きのある視覚的映像である．②は時間に関して線的構造をしたことば，③では再び視覚的映像が喚起されている．単純に言うと，線的な構造の言語が視覚的映像を運んでいることになる．では，この視覚的映像と線的言語構造の関係はどのようになっているのだろうか．視覚の原則と言語の構造に何か共通の，相通ずるメカニズムがあるのだろうか．それとも両者はまったく別物で，両者をつなぐ何か別のメカニズムが隠されていると考えるべきだろうか．

第4部はことばと認知の仕組みを取り扱う．ことばと認知が密接な関係にあることは古くから語られ，すでに気づかれていることである．しかし，どのような仕組みで両者が関わっているかについてはさまざまな意見があるが，まだ一致した部分が少なく，研究は今始まったばかりである．

上に述べた実況放送のケースも，実はことばと認知が複雑に絡んでいる．①や③は認知に深く関わる部分が多く，②はことばの次元である．もし，ことばと認知が共通の基盤を持ち，本質的な部分でつながっているとしたら，①と②と③のつながりはごくスムーズに説明がつくかもしれない．逆に，ことばと認知は本質的なつながりを持たず，互いに異なる基盤を持っているとしたら，両者は独立した関係にあり，①から②へ，②から③へのつながりをうまく説明する理論が必要になってくる．

生成文法(形式主義の立場)と認知文法(機能主義の立場)は，ことば(言語能力や言語構造)と認知(認知能力や認知機能)の関わりについて，互いに異なった見解をとっている．

生成文法は，人間の言語能力と認知能力は共通の基盤は持たず，別物であると考える．認知能力は言語構造の解明にとって副次的なものにすぎず，その結果，言語構造は認知の側面から切り離して研究され，自律的に記述されるべきだとみなしている．

これに対して認知文法は，言語と認知は不可分の関係にあり，言語構造は認知能力や認知機能が反映されたものだと考える．それゆえ，言語構造は認知の立場から研究され，最終的には言語現象は人間の基本的認知能力に還元されるという立場である(Langacker 1995)．

第4部は，ことばと認知の仕組みについて，Langackerの認知文法の研究を中心に概観するものである．限られたスペースで，全貌に触れることは到底できないが，3. まで基本的な考え方を述べたあと，テーマを参照点(4.)とRaising (5.)の現象に絞り，要点を説明したいと思う．

1. Langackerの認知文法

1.1　用法基盤モデル

　生成文法は，言語能力 (linguistic competence) と言語運用 (linguistic performance) を区別する．そして言語能力の解明が言語学の仕事であるとし，言語運用の側面を言語構造の記述から除外してきた．その主な理由は，言語運用の側面が人間の認知能力や認知機能と密接に絡むことによる．たとえば，メタファー(隠喩)やメトニミー(換喩)は，連想が言語に投影されたものであり，認知機能の産物である．そのため，生成文法では，隠喩や換喩の分析は言語構造の記述から排除されている．

　これに対し，Langackerの提唱する認知文法は，言語能力と言語運用の区別をしない．認知文法が重視するのは，ことばの使用のすべての側面を記述すること，そしてそのすべての使用面をつかさどる話者の言語知識を解明することである．もちろん，メタファーやメトニミーも対象となるし，ごく限られた定形表現や特定の状況と結びついた固定表現も分析の対象である．文法の責任は，あらゆる言語習慣を記述し，説明できることだと考えている．

　このような考え方からLangackerは，認知文法の中心となる「用法基盤モデル」(usage-based model) を提案する．まず次節では，このモデルの基本となる考え方を，生成文法の考え方と比較しながら概観してみよう．

1.1.1　基本的な考え方

　Langacker (1988, 1999a) によると，生成文法は3つの特徴を持つ．ミニマリズム，還元主義，トップ・ダウンの性質である．これに対し認知文法

は，生成文法とはまったく逆の，マキシマリズム (maximalism)，非還元主義 (non-reductionism)，ボトム・アップの性質 ("bottom-up" nature) をその特徴とする．次に，これら3つの特徴について手短に述べる．

まず，認知文法は「マキシマリズム」の特徴を持つ．母語話者が1つのことばを流暢に話せるようになるためには，言語習得の段階で莫大な量の言語使用例に接し，繰り返しそれらを使用する必要がある，というのが Langacker の考え方である．もちろん，認知文法は生得的な言語能力も認めるが，普遍文法の役割を最小のものとし，生まれてきてから後の実際の言語習得の過程を重視する．言語習得の過程においては，多くの言語習慣の実例を学び，しかも余剰性に富むデータに接することが，流暢でかつ正確な言語習得を導くために必要であると考える．この考え方は，普遍文法の役割を重視し，個別言語のパラメータの設定が言語習得の主な役割であるとする生成文法とは逆の立場である．

次いで，認知文法は「非還元主義」の立場をとる．実際の言語習得過程においては，母語話者は一般的規則とその規則が適用されて生じたパターンの実例の両方を学びながら，ことばをマスターしていく．したがって，文法もこの両方の側面，すなわち，規則とその適用例(リスト)の両方を記述する必要があると考える．

これに対し生成文法は，一般的規則が記述されるのであれば，その適用パターンの実例は派生により導けばよく，わざわざリストを記述するのは理論上不経済であり，適当ではないと考える．確かに生成文法の立場からいうと，リストは規則に還元できるものであり(還元主義)，理論の経済性に反するものである．

にもかかわらず，認知文法では，規則とリストの両方を文法に記述する方が，妥当な一般性に通ずると考える．それは，規則の適用された結果が必ずしも一様ではなく，さまざまな拡張例を生むことがあるからである．そうした特定の表現は，繰り返し用いられているうちに用法が確立し，規則との新たな関係を作り出す．すなわち，規則とリストの両方を記述する方が，言語のダイナミックな側面を捉えることができるというわけである．認知文法では，言語使用そのものが言語変化の過程であると考える．

このように用法基盤モデルは，ことばの使用を「静」と「動」の両方から捉える試みであるといってよい．

最後に，認知文法は「ボトム・アップ」の性質を持つ．生成文法においては，普遍的原理や一般的規則が最も重要視され，逆に一般的規則で説明できない表現は，理論形成にとっては都合が悪く，特異な現象として特別な規則を作り，取り扱われてきた．つまり，一般性を最重視するトップ・ダウンの考え方である．

これに対し，認知文法の目指すところは，ことばの使用のすべての側面を記述することである．それゆえ，どのような言語データでもそこに何らかの一般性がある限り，それを拾い上げ，積み上げていかなければならない(ボトム・アップの考え方)．日常用いられる言語のパターンは，まったく特異な表現から極めて一般性の高い表現まで，実に幅広く分布している．こうした多様な表現を完全に説明するには，一般性の高い規則は現実的ではなく，役に立たない．

いわゆる「規則」は，実際に用いられている表現のスキーマ化(あるいは抽象化)の結果として生じたものである．母語話者は，言語習得の過程で無意識のうちに，似た表現間にスキーマ(すなわち共通構造)を作り上げ，次第にそのネットワークを広げ，複雑化していくものと考えられる．文法とは，このようなスキーマによって出来上がったネットワークの体系である．最も高い一般性を示すものは高いレベルのスキーマであるが，これは一般性が強すぎて，ことばの使用のレベルには合わないことが多い．むしろ，一般性に限度がある低いレベルのスキーマが，文法記述に重要な役割を果たすものと考えられる．

以上がLangackerの認知文法および用法基盤モデルの基本的な考え方である．

1.1.2 母語話者の心理現象

本節では，Langacker (1999a) に従い，母語話者の言語知識を説明するのに必要な5つの基本的で一般的な心理現象を整理しておきたい．これらの現象は，用法基盤モデルの中心的な概念を形成するものである．

最初は「定着」(entrenchment) と名づけられるもので，Langacker の他のことばでは，routinization, habit formation, automatization などと呼ばれてきた現象である．私たちは，ひとたび心理的な出来事を経験すると，その後に再度それが生起しやすくなるような何らかの痕跡を残す．再度の生起を繰り返しているうちに，かなり複雑なものであっても，簡単に呼び起こして再現できるように習慣づけられてくる．言語の場合も同じである．かなり複雑な構造でもひとかたまりとなって習慣づけられると，もはやその構造の細部や語順には大して注意を向けなくなる．その結果，話者の心に1つのまとまりのあるユニット (unit) としての地位 (status) が確立される．1つのゲシュタルト的記号単位の誕生である．このユニットは，音声と意味が記号構造を成すゲシュタルト (2.1.1 参照) を構成する．こうしたユニットは，語彙のレベルから句，文のレベルまであらゆる段階で生ずるものである．すでにユニットとして地位を確立した単位はブラケットで [A] と記述し，まだユニットとしての地位を確立していない表現を括弧で (A) と記述して，両者を区別する．

　2つ目は，「抽象化」(abstraction) である．これは，さまざまな経験の間にある共通性を1つの構造として取り出すことである．同一レベルで互いに異なる2つの構造 A, B があり，その両者に共通する要素を抽象化して取り出したとき，その構造を「スキーマ」(schema) と呼ぶ．下図で，二重点線矢印は抽象化を表す．逆に，A と B の構造は，特定性においてスキーマよりきめが細かく，スキーマを「具体化」(instantiate) した，あるいはスキーマを「精緻化」(elaborate) した関係にある．この関係は実線矢印で表す．

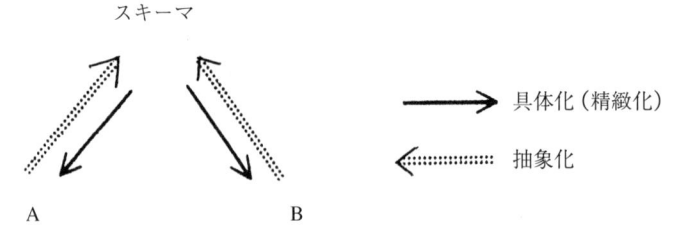

図 1.1

3つ目は，2つの構造の間にあるずれを認知し，比較する (compare) 能力である．比較の操作には，比較の基準となるものと比較の対象が必要である．認知文法では，カテゴリー化 (categorization) のメカニズムが重要な意味を持つが，このカテゴリー化は，比較の特殊なケースである．すでに確立し基準となるユニット [A] と，比較の対象でまだユニットとして確立されていない新しい構造 (B) があるとする．このとき A が完全に B に含まれるなら，A が B を具体化 (あるいは精緻化) する関係にある．つまり [A] → (B) の関係 (上図の例では「スキーマ → A, B」の関係) にある．A と B の両者に包含関係がなく，ずれのみが認識されるときは，A から B への「拡張」(extension) の関係にあり，点線矢印で表す．すなわち [A]⇢(B) である．

4番目は，単純な構造からより複雑な構造を作る「合成」(composition) である．これは，2つ以上の構成単位を統合して複合構造を作ることである．もし [A] と [B] がそれぞれ独立したユニットで，結合して新しい構造 (C) を合成するとき，その構造は ([A][B])c と表される．このとき (C) は，[A] と [B] の単なる総和ではない．[A] と [B] が新たな概念的統合を成すことにより，その構成要素に還元できない意味を持った独立した要素としてみなされる．つまり，[A] と [B] が結合し，新たなゲシュタルトを構成するという考え方である．もちろん，この新しい合成表現が，確立されたユニットとして認められれば，[[A][B]]c と表記されることになる．Langacker は "partial compositionality" (部分的合成性) を主張するが，それは構造の合成は認めつつ，意味の面ではゲシュタルトの原理に従うという立場からくるものである．

最後は，「連合」(association) である．連合とは，1つの経験が他の経験を呼び起こすことである．認知文法で特に重要なのは「記号化」(symbolization) の連合関係である．すなわち，概念化されたものと，それに対応して心に浮かぶ音声・身振り・記号など，目に見えるものとの連合関係である．認知文法では，確立した「記号単位」(symbolic unit) は，[[A] / [a]] と表記される．[A] が概念構造 (意味) で，[a] が音韻構造 (形式) を表し，両者が一体となって記号構造を形成している．この構造は 2 極から

なり，[A]が「意味極」(semantic pole)，[a]が「音韻極」(phonological pole)と呼ばれる．次節で触れるとおり，認知文法ではこの記号関係が特に重要である．

　以上，本節では用法基盤モデルの中心的な概念を形成する5つの基本的で一般的な心理現象，すなわち，(1)定着，(2)抽象化，(3)比較，(4)合成，(5)連合について説明した．私たちは，定着により用法の確立した表現を習得し，抽象化と比較能力から，カテゴリー化の能力を身につける．そして，表現構造間のスキーマのネットワークを構成して，その結果として文法規則の知識を得る．また，合成の能力により複雑な表現単位を構成し，連合により，言語使用の基本構造としての記号構造を身につける．これが用法基盤モデルの基本にある考え方である．

　これらの基本的で一般的な心理現象は，言語に特別に関わる認知能力ではなく，言語以外の活動に共通するものである．認知文法では，人間の行動に関わる基本的で一般的な認知能力が，言語の構造にも基本的に関わっていると考える．それゆえ，言語構造や文法現象の説明は，認知の概念で説明されることになる．

1.2　認知文法の方法論

　この節では，Langackerの認知文法の根本にある方法論上の原則について述べる．また，認知文法ではこれまでの言語理論とまったく異なる理論的概念を用いるが，その理由と根拠について1.2.2で説明する．

1.2.1　方法論的原則

　Langacker (1999b) は，認知文法の方法論的原則として，次の2点を挙げる．これらは，母語話者の基本的な心理現象から導かれる方法論上の基本原則である．1つは，多岐にわたる言語現象を共通の基盤へと導く「概念統合」(conceptual unification) の原則，もう1つは，言語構造を生み出す心的メカニズムとしての「制限性」(restrictiveness) の原則である．それぞれについてごく簡単に見てみよう．

　概念統合の原則は，言語の記号的機能に対して次の3要素のみを仮定す

るという原則である．

(1) ①意味構造(または概念構造)，②音韻構造，③これら2つの構造の記号連結

1.1.2の「連合」の説明でも述べたように，①は「意味極」，②は「音韻極」を表す．この記号的連結関係は，言語表現のすべてのレベルに対して成り立つ関係であり，形態論的要素から談話要素に至るまで，どのような構造単位でもよい．それぞれの単位で①〜③の関係が成り立つと考える．

このように考えると，従来あたりまえと思われてきた形態論・語彙論・統語論などの区別も意味をなさなくなる．認知文法では，これらの差は程度の差であり，いずれのレベルの構造も共通して，「形式と意味のペアリング」からなる記号的連結関係であると考える．こう考えることにより，形態論・語彙論・統語論の区別は解消され，記号的連結関係に還元されることになり，理論的概念を統合できることになる．

次に，方法論上の第2原則は制限性の原則である．さまざまな表現を生み出す言語知識(あるいは言語能力)は，話者の心的構造(mental structures)にあると考えられる．生み出された表現は多様性に富むが，それらを過不足なく作り出すためには，心的構造に特定の制限が加わると考えなければならない．具体的には，心的構造に次のような2つの基本的かつ一般的な認知能力を想定する．(なお，一般的にはカテゴリー化は抽象化を含む場合が多いが，ここでは抽象化を区別して扱っている．)

(2) ①抽象化(abstraction)[またはスキーマ化(schematization)]
　　②カテゴリー化(categorization)

①の抽象化(またはスキーマ化)の認知能力は，複合的な経験に共通するきめの粗い共通性を抽象し，スキーマを作り出す能力である．カテゴリー化は，抽出されたスキーマを具体化したり，拡張して，複合的な経験を体系づける能力である．言語の場合，類似した表現間のスキーマを抽出し，カテゴリー化が具体的表現を位置づけ，また拡張表現を作り出す．こうしてスキーマ化とカテゴリー化により，母語話者は表現間の関わりをネット

ワーク化でき，心的構造に言語構造の体系をうまく取り込んでいくものと考えられる．そして，この一般的な認知能力のメカニズムを通して，すべての言語表現が派生されていくと想定されている．

　以上の2つの方法論上の原則から，次のような言語分析のための内容要件（content requirement）が理論的に導き出される．

（3）　言語体系に帰属する要素は，次の3要素のみである．
　　　a. 顕在的に生じている表現(したがって直接感知できる表現)［の一部分］である意味的，音韻的，記号的構造
　　　b. 認可された構造から抽出された構造（またはスキーマ構造）
　　　c. 認可された構造間のカテゴリー関係（たとえば，任意のスキーマと，それを具体化する特定の構造との関係）

1.2.2　収束的証拠と構成概念

　認知文法は用法基盤モデルを採用するため，多様な言語使用例の中から，理論構成のための「収束的証拠」（converging evidence）を求めることが必要となる．そして，言語構造を認知の視点から記述するのに必要な基本的「構成概念」（constructs）を想定し，それを用いて言語現象の認知的動機づけを説明する（Langacker 1999b）．

　もちろん，この構成概念は任意に作って用いればよいものではない．あるものが構成概念として認められるためには，次の3つのステップを踏まなければならない．

（4）（ステップ1）まず，構成概念（たとえば，プロファイル，トラジェクターとランドマーク，サーチドメインなどの概念）が言語の意味記述に必要であることが示されること．
　　　（ステップ2）その構成概念が，言語から独立して観察される認知能力に対応するものであることが示されること．
　　　（ステップ3）その構成概念が，さまざまな言語現象の説明に重要であることが示されること．

以下，構成概念の1つであるプロファイルを例にとり，(4)の3つのステップを検討し，それぞれについてこの構成概念が妥当なものであること

を考察する．なお，(ステップ 1) は以下 (S1) と表記する．

[プロファイル] (profile)

語の意味は何らかの概念領域を背景とし，その一部分を際立たせたものである．何かを背景にしてあるものを際立たせることを，「プロファイルする」という．たとえば，hypotenuse (斜辺) は，直角三角形を概念領域としたとき，直角に対応する辺をプロファイルしたものである．

(S1) 意味論的必要性　たとえば，wheel (車輪) を概念領域としたとき，外の輪をプロファイルすると rim (リム)，中心をプロファイルすると hub (ハブ)，中心から輪までの棒をプロファイルすると spoke (スポーク)，という具合にそれぞれの概念が得られる (2.1.2 を参照)．これは同じ概念領域に対して，プロファイルの位置を変えることによって意味記述が成功した好例である．

(S2) プロファイルは「注意の焦点」(focus of attention) の一種で，Figure と Ground の分化に基づく人間の基本的な認知能力である．

(S3) 文法記述における役割についてはいくつかの候補があるが，ここでは action chain (行為連鎖) のモデル (3.1 を参照) で説明してみる．(5a) I melted it. という表現を action chain で説明すると，「I が何らかのエネルギーを it に伝達し，it が液状の状態に変化した」と解釈できる．これをモデル化したものが (6a) である．円は参与者を表す．最初の円は I を表し，トラジェクター (tr) と呼ぶ．これは，この関係で一番際立つ要素である．二重矢印はエネルギーの伝達を表す．次の大きな円はエネルギーが伝えられた対象，すなわち it のことで，これは 2 番目に際立つ要素であり，ランドマーク (lm) と呼ばれる．大きな円の中の一本矢印は状態変化を示し，L を含む四角は液体の状態を表す．太線部分はプロファイルされた部分である．

(5)　　a.　I melted it.
　　　　b.　It melted easily.
　　　　c.　It melted in the heat.
　　　　d.　It is finally melted.

176　第4部　ことばと認知の仕組み

e.　It is now liquid.

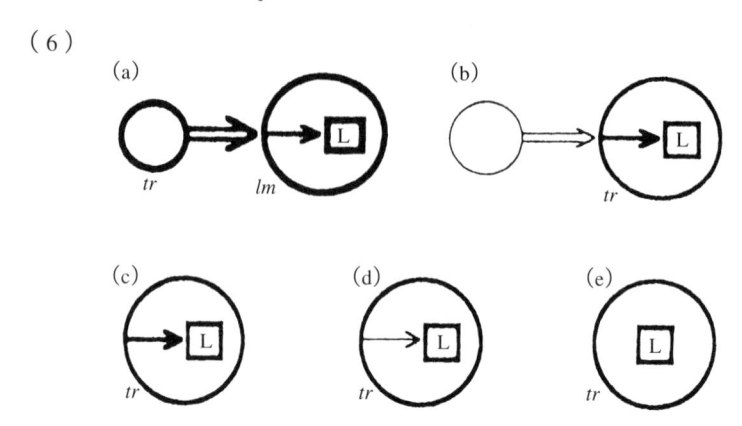

（6）

(a) tr → lm (L)　(b) ○ → (tr L)

(c) (tr → L)　(d) (tr → L)　(e) (tr L)

　(5a)–(5e) の文はそれぞれ，上に述べた action chain のどの部分がプロファイルされているかで説明される．(5a) = (6a) は action chain の全行程がプロファイルされている．(5b) = (6b) は patient（被動作主の it）の状態変化のみがプロファイルされている．しかし，easily のせいで，まだ行為者の使役性が残り，細線で図示されている．(5c) = (6c) は，(5b) = (6b) と同じプロファイルだが，使役的要素はない．(5d) = (6d) は，(5c) = (6c) と同じ構造だが，プロファイルされている部分が異なる．変化の部分がプロファイルされずに，結果的な状態変化のみプロファイルされている．(5e) = (6e) は，文法的には (5d) = (6d) と等しいが，矢印がとれて状態変化の要因がない点が特徴である．

　以上，構成概念「プロファイル」について，その妥当性を 3 つのステップに従って示した．

2.　認知言語学の基本概念

　この章では，認知言語学の基本概念について簡単に説明する．ただし，第 4 部は Langacker の認知文法が中心なので，ここで取り扱う基本概念も，Langacker の認知文法に関係するものが中心となる．

2.1 知覚に関わる理論

　認知言語学は，言語が人間の認知機構と不可分の関係にあるという立場をとるため，心理学の領域，特にゲシュタルト心理学や認知心理学との関わりが深い．本節では，ゲシュタルトの概念，Figure（図）と Ground（地）の分化，参照点の理論を中心に述べるが，これらの認知能力と関わる言語現象や理論的構成概念についても触れる．

2.1.1　ゲシュタルト

　20 世紀初頭に発展したゲシュタルト心理学によると，「全体は要素の単なるモザイク的な集まりではなく，それ自体構造を持ち，ゲシュタルト（Gestalt）を形成し，部分はその全体によって規定されている」．つまり，ゲシュタルトとは，各要素が有機的に関わり合い，1 つの単位を構成して機能を果たす，まとまりを持った全体のことである（河上 1996）．

　たとえば，新聞の人物写真は，よく見ると無数の点の集まりであるが，私たちは全体として人間の顔を認識している．しかし，この顔という全体的認識を，個々の点に帰すことはできない．個々の点は，全体として顔を形成する 1 つの要素として，逆に規定される．つまり知覚においては，全体こそ部分の前提となるという考え方が成り立つ．

　この考え方は，逆の「全体は部分の総和である」とする要素主義と対立する．要素主義とは，心理学が実験科学として確立され始めたころ，他の科学分野，特に物理学や化学の領域の思考法を取り入れた見方である．

　ゲシュタルトの認識がどのようにして構造化されるかを説明するのは，ゲシュタルト要因である．これは知覚要素が群化，体制化される方法についての要因であって，たとえば，「他の条件が一定であれば近くにあるもの同士がまとまって知覚される」（近接の要因），「異なる種類の刺激があり，他の条件が一定なら，同種類のものがまとまって知覚される」（類同の要因）など 10 いくつかのまとまりの要因が知られている．これらの要因は，「心理学的体制は常に条件が許す限り最も良くなろうとする傾向がある」という上位法則（プレグナンツの法則）に従う．私たちが対象を知覚

し，構造化する際ゲシュタルトを認識するのは，私たちがより安定した，より単純で規則的かつ対称的な構造化を無意識のうちに目指した結果であるということになるであろう．

　ゲシュタルトの考え方は，今日の認知言語学にも通じる．たとえば，従来の意味論では合成性の原理（Principle of Compositionality）に従って，部分の意味の総和が全体の意味であるという要素主義の考え方が主流であった（たとえば，Katz and Fodor 1963）．しかし，単語のレベル，句のレベル，文のレベルのいずれにおいても，全体の意味は部分の意味の単純な総和ではなく，それ以上である．たとえば，"topless bar" は，topless「（女性の衣類が）胸部を露出した」と bar「酒場」の意味がわかっていても，それらを単純に足しただけでは「トップレスの女性の働いている（特殊な）酒場」という意味は出てこない．Langacker は，語・句・文のすべてのレベルにおいて「意味構造と音韻構造による記号的連結関係」を主張するが，そこで前提とされているのは要素主義ではなく，このゲシュタルトの考え方である．

2.1.2　Figure と Ground の分化

　ゲシュタルト要因の働きにより，私たちは知覚の対象を他のものから明確に識別でき，結果として Figure（図）と Ground（地）の分化という現象が生じてくる．この概念は，認知言語学においては非常に重要で，いくつかの基本的な理論的構成概念に関わってくる．

　Figure と Ground の分化は知覚において基本的なものである．視野の中に異なった性質の 2 つの領域が存在する場合，通常はどちらかが Figure として知覚され，その周囲は Ground となる．

　Figure:　境界線のある形を持ち，前面に浮き出て見え，注意の対象となりやすい．
　Ground:　Figure の背景となって見え，注意の対象となりにくい．

　ところが，2 つの領域のいずれが Figure となるか確定せず，同一の領域が Figure となったり，Ground になったりする図形も存在する．これは

Figure-Ground 反転図形と呼ばれ，次図の「ルビンの盃」がその典型例である．盃に見えたり，2人の横顔に見えたりするが，両者を同時に見ることはできない．

図 2.1

この Figure と Ground の分化は，認知一般について言える原則であり，言語学においても重要である．客観的には同一と考えられることでも，視点の採り方や注意のおき方によって，異なった解釈をする場合がある．次の2つの表現はその好例である．これは上の Figure-Ground 反転図形に対応する言語現象である．

（1）　a.　The glass is half empty.
　　　　b.　The glass is half full.

認知言語学では，話者が表現の対象をいかに解釈したかが重要な役割を果たすと考える．そのため言語現象の説明においては，話者の側からの主体的な関わり方を反映する Figure, Ground の概念は，特に重要である．

Langacker は，Figure と Ground の分化を基にしたいくつかの理論的構成概念を導入している．まず，プロファイル (profile) とベース (base) がそれにあたる．たとえば，意味構造は必ず何らかの認知ドメイン (cognitive domain) に関して特徴づけられていると考えられるが，そのドメイン内で Figure に相当する際立った部分を「プロファイル」，Ground に相当するドメインを「ベース」と呼ぶ．たとえば，hub (ハブ), spoke (スポーク), rim (リム) は，いずれも wheel (車輪) をベースにしている (1.2.2 参照)．

(a) *hub*　　(b) *spoke*　　(c) *rim*

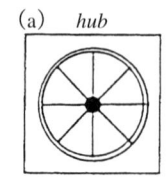

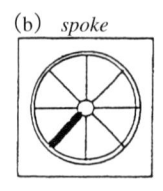

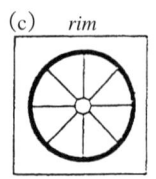

図 2.2

　これら 3 つの概念は，それぞれ同じベース（wheel）を持つが，意味は異なる．なぜなら，互いに異なった部分がプロファイルされているからである．

　また，プロファイルされた参与者の中で，一番際立つ参与者（= 第 1 の Figure）を「トラジェクター」（trajector: tr と略す）と呼び，その次に際立つ参与者（= 第 2 の Figure）を「ランドマーク」（landmark: lm と略す）と呼ぶ．lm は tr を何らかのドメインに位置づける際の基準点として働く．次の (2a) では，the tree が the rock を位置づける lm として機能している．

（2）　a.　The rock is in front of the tree.
　　　　　　tr　　　　　　　　　lm

　　　b.　The tree is at the back of the rock.
　　　　　　tr　　　　　　　　　　　lm

2.1.3　参照点（reference points）

　参照点の能力とは，ある存在物とメンタルコンタクトをとるために，別のある存在物の概念を呼び出す能力のことである．私たちは毎日のようにこの能力を用いているが，そうとは気づかないことが多い．たとえば，「駅前のパン屋さん」は「駅前」を参照点にして，他のパン屋さんから区別している．

　次の図は，参照点能力の本質的側面を表示したものである．C は概念化者（conceptualizer），R は参照点である．T はターゲット（target）で，これは概念化者が参照点を用いることでメンタルコンタクトを持とうとしている対象である．点線矢印は，概念化者がたどるターゲットへの心的経路（mental path）である．D は支配領域（dominion）を示す．これはある参照

点にとって直接アクセス可能な概念的領域のことで，ターゲットが潜在的に存在し得る範囲を示している (Langacker 1993).

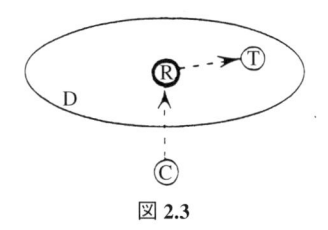

図 2.3

図の中で，参照点 R が太線で囲まれていることに注意されたい．これは参照点がプロファイルされた要素で，認知的に際立っていることを示している．

実際の言語使用における参照点の機能は，本質的に動的な性質を持っている．

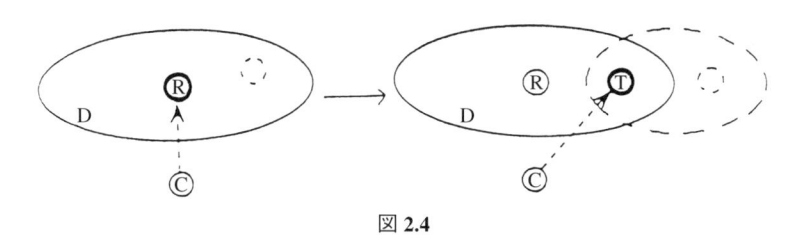

図 2.4

図 2.4 の左図において，参照点 (R) が活性化されると，C にとって R は焦点 (focus) となり，R の支配領域 D が作られる．次に，R が参照点として実際に用いられた場合(右図)，C の焦点は T に移動し，R は背景に後退する．このとき T が他のものの新たな参照点として機能する可能性が生ずる．このように焦点が次々と移動し，焦点連鎖 (focus chain) を作る．

参照点の認知能力は，このほかに所有表現，メトニミー，二重主語構文，照応代名詞，入れ子型場所表現，場所句倒置文，参照点主語構文など多くの言語現象と深い関わりを持つ．これらのいくつかについては改めて

4. で詳しく述べる．

2.2 知識構造

2.2.1 スキーマとフレーム

記憶についての「スキーマ理論」によれば，人間の記憶はスキーマ (schema) と呼ばれる高次の構造から成っていて，それぞれのスキーマは特定のものや事象についての知識を1つのカプセルの中に収めている．この概念は，知識の抽象化や構造化に関わるが，今では多くの状況をカバーするように拡張されている．自転車に乗るときのような「行動のスキーマ」，レストランに行くときのような「事象のスキーマ」，動物の種類の「カテゴリーのスキーマ」など，さまざまである．認知言語学では，「カテゴリーのスキーマ」の意味で用いられることが多い．

Minskyは，状況を表す知識のスキーマを研究し (Minsky 1977)，この知識の表現形式をフレーム (frame) と呼んだ．私たちは，経験から得たものや事象の典型的な状況を記憶の中に保持していて，それと関係する語に遭遇したとき，その「保持された枠組み」を喚起して言語処理を行っていると考えられる．これが言語学で用いるときのフレームの意味である．

Fillmore (1982) は，このフレームが言語学的に意味を算出する際に重要な役割を果たすと考え，フレーム意味論 (frame semantics) を提唱した．次の例文を見てみよう．

（3） a. Blue Monday（憂鬱な月曜日）
b. Thank God, it's Friday!（やっと金曜だ，万歳！）

これらの表現を理解するためには，たとえばMondayが週の平日の最初の日であることが理解されねばならず，さらに1週間という概念を理解するためには詳しい暦の概念が必要である．Mondayという語を理解するだけでも，複数のフレームが関わってくる．

このフレームの概念は，Langackerの「認知ドメイン」の考え方や次節でみるLakoffらの「理想認知モデル」の概念に対応するものである．

2.2.2 理想認知モデル

理想認知モデル（Idealized Cognitive Model: ICM）とは，私たちが対象を特徴づけたり，解釈する際に利用する組織化された知識構造のことで，社会的，文化的側面を組み込んだフレームの複合体である．これは，私たちがごく普通の条件下で振る舞う際の基準となる状態や知識をモデル化したものである（Lakoff 1987）．

よく引き合いに出されるのが，次の(4)と(5)の言語現象の非対称性である（R. Lakoff 1975）．

(4) a. bachelor =〈unmarried〉+〈adult〉+〈male〉
　　 b. spinster =〈unmarried〉+〈adult〉+〈female〉
(5) a. Mary hopes to meet an eligible bachelor.
　　 b. #Fred hopes to meet an eligible spinster.

(4a), (4b)の古典的意味論の成分分析に従うと，(5a), (5b)は共に自然な文であるべきだが，実際は(5b)は語用論的に不自然な文である．その理由は，社会通念において未婚であることが男性と女性とで意味合いが異なってくることによる．この社会通念は，単語の意味の総和からだけでは説明できず，ICMに照らして初めて理解できるものである．

2.3　連想と言語

伝統的な考え方に従うと，連想には2つのタイプがある．類似性（similarity）に基づく連想と，近接性（contiguity）に基づく連想である．このうち，類似性に基づく連想が言語に投影されたものがメタファー（隠喩: metaphor）の表現であり，近接性に基づく連想が言語に投影されたものがメトニミー（換喩: metonymy）の表現である（ここでは全体と部分の関係も換喩に含める）．

生成文法と認知文法の大きな違いの1つは，生成文法がもっぱら人間の「言語能力」（competence）の解明を目指し，「言語運用」（performance）の側面は語用論の仕事として二次的に位置づけたのに対し，認知文法は，用法基盤モデルが示すように，この両者を区別せず，日常用いられるすべて

の言語表現のための言語モデルを目指している点である．たとえば，メタファーやメトニミーの現象は，生成文法では言語運用の領域に属し，統語論とは無関係なものとされているが，認知文法では，これらの概念を表現の生成と理解の根源に位置づけ，言語の静態的側面のみならず，意味の創造的側面や言語変化の動的な側面までも射程に入れた統合的な言語理論の可能性を探っている．

メタファーやメトニミーの表現に生ずる意味は，私たちの認識のあり方が投影されたものであり，古典的な合成意味論からは説明できない非辞書的な意味である．ところが，私たちの日常生活を振り返ってみると，メタファーやメトニミーの言語現象は決して文学作品に限られた現象ではなく，日常会話に頻発している．このことから，生成文法が対象としてきた「言語能力」の部分が，方法論的に相当制限された領域であることがわかる．

Chomsky は，言語能力の解明の鍵は「形式」の側にあると考え，人間の認知からは独立した統語論中心の理論を構築し，「意味」は統語論に求められる言語的な意味情報に限って理論化されてきた．これとは逆に，認知文法は「意味」の側を重視し，意味は概念形成であって，人間の認知能力を抜きにしては考えられず，意味と形式は記号関係で一体となって結びついていると主張する．こうしたことからメタファーとメトニミーは，認知文法にとって特に重要な概念である．

2.3.1 メタファー

Lakoff and Johnson（1980）は，伝統的なメタファー観とは異なり，メタファーは，言語活動のみならず思考や行動に至るまで，私たちの生活のすみずみまで浸透しており，私たちの概念体系の大部分がメタファーによって成り立っていると考えた．この考え方を支える言語的証拠の1つが，「構造のメタファー」（structural metaphors）である．

たとえば，argument（議論）に関わる一連の表現は，war（戦争）の概念で語られ，記述されている．次に2例だけ示しておこう．

(6)　　a.　He *attacked every weak point* in my argument.
　　　　b.　He *shot down* all of my arguments.

また，私たちが実際に議論を行う際は，「武力」による戦争ではなく，「ことば」による戦争を行っている．この意味において，議論の多くは部分的に戦争の概念によって構造を与えられている．つまり，これらの表現に関する限り，私たちの心の中では "ARGUMENT IS WAR"（「議論は戦争である」）という認識が働いていることになる．この認識を Lakoff と Johnson は「構造のメタファー」と呼んだ．

また構造のメタファーとは違って，「上・下」「内・外」「前・後」など，空間の方向性と関わるメタファーがある．これらの概念は，私たち人間が必然的に体験する概念であり，それゆえこれらに伴うメタファーは，私たちの肉体的，文化的経験がその基盤として深く関与する．たとえば，「上・下」の空間関係のメタファー "HAPPY IS UP; SAD IS DOWN"（「楽しきは上，悲しきは下」）では，楽しいときは姿勢がよいが，悲しいときはうなだれるという私たちの生活経験が肉体的基盤として存在し，その結果，"I'm feeling *up* today."（今日は上々の気分だ）とか，"I'm feeling *down* today."（今日は気持ちが沈んでいる）などの表現が生まれる，と説明する．このようなメタファーを「方向づけのメタファー」（orientational metaphors）と呼ぶ．

3つ目のメタファーは「存在のメタファー」（ontological metaphors）である．これは，感情，思想，活動，出来事，社会現象など，境界が明らかでないような概念を，物理的な存在物，すなわち「モノ」として捉えるメタファーである．モノでないものを具体物として表すことにより，理解や認識がしやすくなる．たとえば，物価の上昇という社会的現象を inflation（インフレーション）という名詞で1つの存在物として表すことにより，"Inflation is lowering our standard of living."（インフレが私たちの生活水準を低下させている）という表現が生まれ，その結果，社会的現象と私たちの生活との関係が明確に認識されることになる．

この存在のメタファーと密接に関わるのが「容器のメタファー」（container metaphors) である．たとえば，He is *in* love.（彼は恋愛中だ）では，状態を容器として概念化している．また，The ship is *coming into* view.（その船がだんだん視界の中に入ってきた）では，視界も容器として概念化されている．いわゆる「擬人化」の現象も存在のメタファーの最もわかりやすい 1 例である．

2.3.2　メタファー的写像

　類似性の連想を基盤とするメタファーの構造は，Lakoff では大文字で "A IS B" と表記され，「A は B である」と認識されていることを表す．この A と B の関係は，一般にはメタファー的写像（metaphorical mapping）と呼ばれ，「ある領域（B）での理解を別の領域（A）に移し替え，理解すること」を表す．このとき写像元となるドメイン（B）を起点領域（source domain），写像先となるドメイン（A）を目標領域（target domain）と呼ぶ．また，このドメイン間の写像関係において保持される構造をイメージスキーマ（image schema）という．

　メタファー的写像は，文法関係についても適用される．Norvig and Lakoff (1987) は take の多義性について研究し，そのさまざまな意味がネットワークを構成することを示した．彼らは，次の [Take-7] の用法が [Take-1] のメタファー的な使用であると仮定する．

(7)　a.　John took the book from Mary. [Take-1]
　　　b.　John took a whiff of the coffee. [Take-7]
　　　　　（ジョンはコーヒーのにおいをかいだ．）

知覚することは感覚を受け取ることであると考えると，「知覚することは受け取ることである」という一般的なメタファーを得ることができる．この場合のメタファー的写像関係は，起点領域が「受け取ること」，目標領域が「知覚すること」である．

2.3.3　メトニミー

　メトニミー（換喩）とは，典型的には，2 つの要素 A と B が近接性の連

想に基づいて「認知的なまとまり」をなすとき，認知的に際立つ方が他方を表す関係のことである．

近接性の連想に基づく認知的なまとまりのタイプには，さまざまなものがある．次に典型的なメトニミーの例をいくつか挙げておこう．[(8b) 以外は Lakoff and Johnson (1980) の渡辺他訳に従う．]

(8) a. 部分が全体を表す
   We don't hire *long hairs*. （長髪(の人)は雇わない．）
 b. 製造者が製品を表す
   I bought a *TOYOTA*. （トヨタ(社製の車)を買った．）
 c. 使われる物が使う人を表す
   The sax has the flu today. （サキソフォン(奏者)は，今日は流感にかかっている．）
 d. 場所が公共機関を表す
   The White House isn't saying anything. （ホワイトハウス(=米国政府)は何も言っていない．）
 e. 場所が出来事を表す
   Remember *the Alamo*. （アラモの砦(の戦い)を忘れるな．）

メタファーの主な機能は，あるものをほかのものを通して理解させることである．これに対し，メトニミーの第一義的な役割は，ある特徴を目印にして対象を指し示すことである．しかし，ただ指し示すだけがその機能ではなく，話者がどのような特徴をプロファイルしているかという点で，話者の解釈を込めた表現となっている．メタファーもメトニミーも，話者(=概念化者)の認識の在り方を投影している点では同じである．

ただし，両者の写像のあり方は異なっている．メタファーの場合，"A IS B" の A と B はそれぞれ異なるドメインに属している．たとえば，「議論」と「戦争」は互いに違うドメインである．これに対し，メトニミーの場合は，A と B が認知的まとまりをなすため，共に同じドメインに属すことになる．たとえば，The *ham sandwich* is waiting for his check. （ハムサンドイッチが勘定を待っている．）では，"ham sandwich" (A) はそれを注文した人 (B) を指すが，特定の状況でこの文を用いた店員の意識の中で

は，注文者と注文品はごく自然に認知的なまとまりをなし，同一のドメインを形成している．メタファーは異なるドメイン間の写像，メトニミーは同一のドメインの写像である点が，相違点の1つである．

2.3.4 メトニミーと参照点

前節のA (ham sandwich) でB (ham sandwich を注文した人)を指すメトニミーの構造は，実は，2.1.3で扱った参照点の構造と同質のものである．メトニミーの表現 (A) によってプロファイルされるもの (ham sandwich) が参照点となり，実際にその表現で言及されているもの(B: その注文者)がそのターゲットである．こう見てくると，メトニミーの表現Aは，原則的には，何らかの理由で認知的に際立つ要素(あるいは，話者(=概念化者)が認知的に際立つものとして理解させたい要素)が選ばれているということになる．

もう1つメトニミーについて注意すべきことは，メトニミーの表現 (A) の表すターゲット (B) が大部分「活性領域」(active zone: az) と重複するということである．活性領域とは，ある存在物のうち，表現された関係に最も直接的に参与する「部分」のことである．たとえば，次の (9a) の文で，実際に猫にかみついたのは犬の「歯」の部分である．(その他，顎や筋肉の部分がもちろん関わる．) このとき，犬の「歯」の部分を the dog の活性領域と呼ぶ．また，かまれた the cat も普通は身体の全体ではなく，身体のどこか一部分をかまれている (Langacker 1993)．

(9) a. *The dog* bit *the cat*.
　　 b. *The spacecraft* is now approaching *Venus*.

つまり (9a) では，プロファイルされた主語と目的語は，いずれもそれぞれの実際の活性領域とずれていることになる．これに対し (9b) では，宇宙船全体が金星に向かっているのであるから，プロファイルされた要素と活性領域にずれはなく，一致している．この関係を図示したのが次の図 2.5 である．(a) の tr が the dog，その中の az が「歯」を示す．lm は the cat，その中の az はかまれた部分である．(b) の tr/az は the spacecraft，lm/

(a) と (b) の図

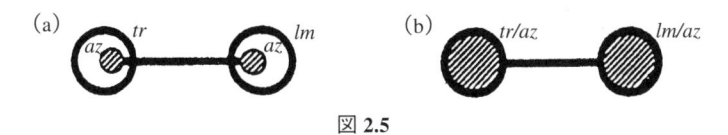

図 2.5

az は Venus を指す．太線はプロファイルを表す．

たいていの表現では，(9a) のように活性領域とプロファイルされた表現とが分離していて，(9b) のようなケースはまれである．(9a) の場合も本質的にはメトニミーと変わらず，プロファイルされた存在物が参照点となり，az を呼び出す構造になっている．

メトニミーやそれに類似する関係は，文法の統合的側面にとって重要なもので，プロファイルと活性領域の分離は頻繁に起こるだけでなく，典型的なバレンス関係である．たとえば，次の表現の az はプロファイルされたものの「部分」ではないが，私たちの一般的，文脈的知識からそれとすぐわかる関係である．（ ）内はイタリック部分の表現の az である．

(10) a. *I*'m in the phone book.（話者の名前，住所，電話番号のみ）
b. Give me *a red pencil*.（芯が赤い鉛筆）
c. Zelda heard *a trombone*.（楽器ではなく，それが発した音）

つまり，az は必ずしもプロファイルされたものの「部分」である必要はなく，ある存在物の「支配領域」(dominion) にあればよい．したがって，az に関わる表現の一般的構造は，図 2.5 (a) (b) ではなく，図 2.6 のようになる．図 2.5 は，図 2.6 のむしろ特殊な例ということになろう．

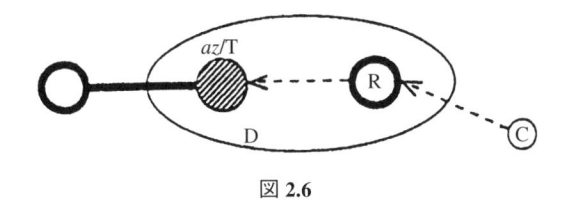

図 2.6

2.4　カテゴリー論

私たちは，身のまわりの事物から何らかの類似性や一般性を抽出するこ

とによって，物事を整理し，分類することができる能力を持っている．このような認識上のプロセスを，一般にカテゴリー化 (categorization) という．認知文法では，このカテゴリー化の概念が文法理論や言語習得の説明に重要な役割を果たす．

2.4.1 古典的カテゴリー論

古典的カテゴリー論によると，カテゴリーとは必要かつ十分な属性の集合によって定義される．「必要かつ十分な属性」とは「意味素性」(semantic feature) のことで，これは客観的かつ普遍的な根元的意味である．カテゴリーはこの意味素性の集合によって定義され，カテゴリーの成員か否かは，素性を持つか持たないかで判断される．

たとえば bachelor (独身男性) の意味は，"a man who is not married" であり，この意味を意味素性で表すと次のようになる．

bachelor = [human] + [adult] + [male] + [unmarried]

これらの意味素性のすべてを兼ね備えているものは bachelor のカテゴリーの成員として認められるが，逆に，1つでも欠けていたら，カテゴリーの成員としては認められない．

この古典的カテゴリー論にはいくつかの利点があるが，そのうちの主なものは次のとおりである．

① 素性を用いることで，言語の構造を効率よく記述できる．
② 語彙の相互関係が明らかになる．

② については，意味の上下関係，同義関係，矛盾関係，語彙の結びつきの適格性などの分析において特に有効である．

しかし，古典的カテゴリー論の反例となる有名な実験がある．Labov (1973) は，cup (コーヒー茶碗) から bowl (鉢) に至るさまざまなイラストを被験者に見せて，cup と bowl のどちらのカテゴリーに入ると判断するかを調べた．結果は，① 両カテゴリーを区切る明確な境界線は cup と bowl の間に見られず，むしろ連続体をなすと考えた方がよい，② 同じ形のもの

でも，中に何が入っているかで回答が揺れる，というものであった．

この実験からわかるように，カテゴリーでは典型的なものから非典型的なものまで，成員間で差が見られる．このように成員間で帰属度に差が見られる現象を「プロトタイプ効果」(prototype effect) という．

またプロトタイプ効果の差が示すように，カテゴリーは何らかの内部構造を持つ．そこで新しく生まれたカテゴリー論が「プロトタイプ理論」(prototype theory) である (Rosch 1978)．

2.4.2 プロトタイプ理論

プロトタイプ (prototype) とは，カテゴリーの最も典型的な成員の持つ特徴の抽象的合成物あるいは集合体をいう．私たちが物事をカテゴリー化するとき，プロトタイプを核とし，その周りに成員を位置づけることで，全体を構造化している．プロトタイプとの合致性や成員間に見られる段階性は，成員の持つ属性によるのではなく，それを主体的に捉える人間の側が合致度を査定することにより生み出される．このプロトタイプと成員とがどの程度合致しているかを測る基準を，「典型性条件」(typicality condition) あるいはプロトタイプ属性という．これは，理想的なプロトタイプが備えているとされる特徴を，非網羅的に列挙したものである．

すべての成員に共通しない属性が，なぜカテゴリーを特徴づける属性とみなされるかについて説明を与えるのが，「家族的類似性」(family resemblance) の考え方である．これは Wittgenstein (1953) によって提唱されたもので，「家族の成員はお互いに似ているが，その共通性の現れはさまざまで，すべての成員が共通して類似点を持っている必要はない」という考え方である．カテゴリーも同じように家族的類似性の内部構造を持つということである．

実際のカテゴリーには，この考え方が当てはまる例が多い．たとえば「スポーツ」というカテゴリーに当てはまる成員を列挙していくと，釣りや登山から野球・サッカーまで，成員は部分的な共通性がお互いに連鎖することで「スポーツ」というカテゴリーの構造を保っていると考えられる．

プロトタイプの理論を言語分析に応用した研究も多い．特に認知意味論の分野では，over の多義性の研究（Lakoff 1987）や動詞 take の持つ多義性の研究（Norvig and Lakoff 1987）などが知られる．語はプロトタイプとなる意味を持ち，語義が少しずつずれてもお互いに関連し合い，複数の語義が意味のネットワークを構成するという考え方に基づいている．

2.4.3　基本レベルカテゴリー

前節までは，プロトタイプを中心にして「横」に広がる成員からなるカテゴリーを見てきた．これと同じプロトタイプ効果が「縦」の階層関係についても言える．たとえば，基本レベルとされる「椅子」のカテゴリーを考えてみると，図 2.7 に示すように，さまざまな下位概念の椅子に分けられるし，また，「椅子」自体も「机」や「タンス」と一緒に，「家具」という上位概念に含まれる．このように縦のカテゴリーは，上位・基本・下位のレベルをもつ階層構造を成しており，これを「カテゴリー階層」（category hierarchy）という．

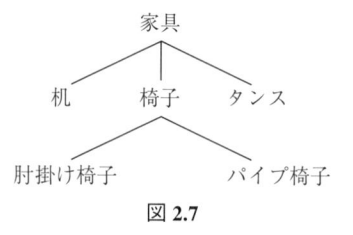

```
           家具
        /   |   \
       机  椅子  タンス
           /  \
      肘掛け椅子  パイプ椅子
```
図 2.7

面白いのは，この縦の構造においてもプロトタイプ効果が見られることである．それが最も著しいのが中間の「基本レベルカテゴリー」（basic level category）といわれるレベルで，このレベルでは，ほかのカテゴリーとの違いが最大限（共有するものが最小限）で，かつ，カテゴリーの成員同士で共有されるものが最大限となる．このレベルの概念は，ゲシュタルト知覚や子供の概念習得が一番早く，学習・記憶・使用の容易さなど，あらゆる点で基本的かつプロトタイプ的である．これより上位の概念では特性が漠然として情報が不足するし，下位のレベルでは特定的過ぎて一般性に

欠ける．たとえば，基本レベルカテゴリーを用いて「椅子取りゲーム」とは言うが，下位レベルを用いた「肘掛け椅子取りゲーム」は一般的ではない．

2.4.4 Langacker のカテゴリー論

プロトタイプ理論では，プロトタイプとその他の成員間の関係について内部構造の記述が十分ではなかった．Langacker は，プロトタイプ論にスキーマの概念を持ち込み，新たにスキーマに基づくカテゴリー化の理論を提唱した(1.1.2, 1.2.1 を参照)．

Langackerのいう「スキーマ」は，「カテゴリーの全成員に共通する抽象的規定」のことである．つまり，スキーマは全成員からの「抽象化」により得られたものである．この関係を逆にいうと，全成員はスキーマからの「具体化」例となる．

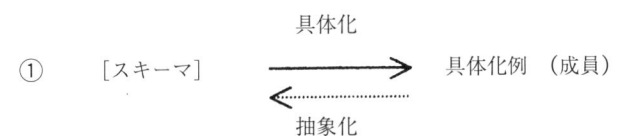

$$① \quad [スキーマ] \quad \xrightarrow{具体化} \quad 具体化例 （成員）$$
$$\xleftarrow{抽象化}$$

また，プロトタイプに基づくカテゴリー化では，成員はプロトタイプからの拡張例とみなされる．

$$② \quad [プロトタイプ] \quad \dashrightarrow \quad 拡張例 （成員）$$

そして Langacker は ① と ② の能力を一般化して，次のように想定する．

① 多くの経験に共通する「スキーマ」を抽象化する能力
② プロトタイプから拡張してカテゴリーを形成する能力

この 2 つの過程と能力には密接な関係がある．プロトタイプからの拡張は，プロトタイプと拡張例の共通性に基づくものである．また，この共通性からスキーマが得られる．これを逆に見れば，スキーマを具体化したものがプロトタイプとその拡張例に対応することになる．こうした考察から図 2.8 のような関係図が得られる．

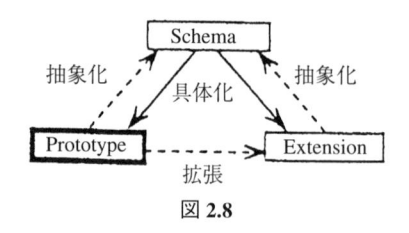

194 第4部 ことばと認知の仕組み

```
            Schema
       ↗   ↙  ↘   ↖
   抽象化  具体化  抽象化
     ↙            ↘
  Prototype  ──→  Extension
              拡張
```

図 2.8

　この図から，何らかの複合的なカテゴリーが形成されるとき，プロトタイプから拡張すればするだけ，より抽象的なスキーマの観念が得られることがわかる．プロトタイプとスキーマは，統合的現象のそれぞれ異なった側面を反映しており，共にカテゴリーの構造には欠かせないものである．Langacker の認知文法では，このカテゴリー論が重要な役割を果たしている．

3. 基本的文法関係

　一般に，主語・目的語といった文法関係は純粋に統語的概念であるとみなされ，それらを意味的に定義するのは無理だと考えられてきた．その主な理由は，すべての主語やすべての目的語に共通する意味的役割はないからである．

　Langacker によれば，主語や目的語は本質的に際立ちの問題である．そして，それらが文法的にどのように使用されるかは言語によっても異なり，また各言語において慣例化されている構文によっても異なる．

　本章では，主語・目的語・他動性など基本的な文法関係について，認知文法の説明を概観する．

3.1　事態認知モデルと主語・目的語の選択

　私たちは出来事をどのように概念化し，文として表しているのだろうか．文が表している出来事を「事態」(event) と呼ぶと，事態は「参与者」(participants) と参与者間の「関係」(relation) から成り立っている．

　「ビリヤードボール・モデル」は，外界の事態を理想化して表すモデル

である．このモデルによると，外界の存在物はビリヤードボールのような物体とみなされる．1つの物体に力(エネルギー)が加わると，運動が連鎖的に引き起こされ，その結果エネルギー伝達による連鎖関係ができあがる．これを Langacker は action chain (行為連鎖) と名づけた．

たとえば，「Andrea が Floyd をからかい，怒った Floyd が hammer を投げ，glass が割れた」という action chain を図示すると，図 3.1 のようになる．

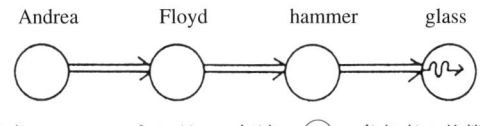

```
        Andrea      Floyd      hammer      glass
          ○  ⇒⇒⇒   ○  ⇒⇒⇒    ○   ⇒⇒⇒    ○〜→
```

○：参与者　　⇒：エネルギーの伝達　　○〜→：参与者の状態変化

図 3.1

丸は参与者，二重矢印はエネルギー伝達，丸の中の曲線矢印は状態変化を表す．この行為連鎖のすべてを1つの文に表すことは無理なので，通常私たちはこの連鎖の一部を切り取り，文として表現する．これを「事態の概念化」というが，このとき次の2つの認知的操作が関わっている．

① action chain のどの部分を切り取るか(スコープの設定)
② スコープのどの参与者を際立たせるか(プロファイルの設定)

①②の設定は，文の構文タイプの選択に反映される．次の文を見てみよう．

(1)　a.　Floyd broke the glass with a hammer.
　　　b.　The hammer broke the glass.
　　　c.　The glass (easily) broke.
　　　d.　Floyd hit the hammer against the glass.

これらの文を (1) の action chain で表すと，次の図 3.2 のようになる．(1) の (a)–(d) は，図 3.2 の (a)–(d) に対応している．

図 3.2

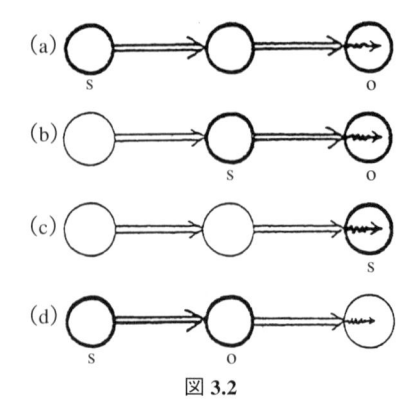

(1) の各文のスコープの設定(①)は共通して Floyd (Agent) ⇒ hammer (Instrument) ⇒ glass (Patient) の部分であるが，太線で示されたプロファイルの部分(②)は，それぞれ異なっている．図 3.2 の (a) はスコープ全体が，逆に (c) は Patient だけがプロファイルされている．

また，主語と目的語の選択についても原則が存在する．図 3.2 において，S, O はそれぞれ主語と目的語を示す．プロファイルされた参与者とS, O の位置の関係に着目すると，S はプロファイルされた参与者の先頭部，O はプロファイルされた参与者の後尾部であることがわかる．このことから次の一般化がなされる．

(2) a. プロファイルされた参与者の先頭部が主語である．
b. プロファイルされた参与者の後尾部が目的語である．

ただし，(2) の一般化は，参与者が 2 以上関わるときである．(1a) (1d)のように 3 者が関わるときは，(2) の原則に従い，2 者だけに主語，目的語の文法的地位が与えられる．参与者の数が 1 なら，(1c) のように自動詞となる．

なお Fillmore (1968: 33) は，無標の場合の主語の選択には階層性があり，Agent > Instrument > Patient の優先順で主語が選ばれると述べているが，これは図 3.1 や図 3.2 で示した action chain のエネルギーの流れを反

映するもので，認知文法の説明と合致することも付け加えておこう．

3.2 他動性と主語・目的語のプロトタイプ

他動性を表す事態には，少なくとも Agent（動作主）と Patient（被動作主，このうち運動エネルギーを与えられる場合は Mover という）の2つの参与者が関与する．この関係のプロトタイプは，Agent が Patient にエネルギーを与えることで状態や位置の変化をもたらす場合と考えられる．次の (3a) は状態変化，(3b) は位置変化の例文である．

(3) a. John broke the window.
    b. John drove the car.

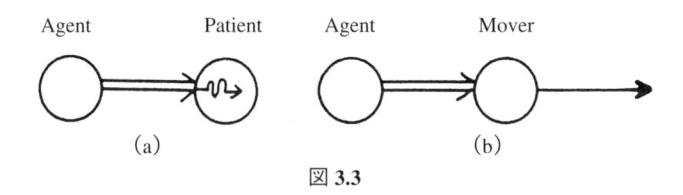

図 3.3

図 3.3 の (a) の Patient は状態変化を，(b) の Mover は位置変化を示す．このように，他動性のプロトタイプも action chain による表示が可能である．

他動性のプロトタイプについては，Hopper and Thompson (1980) がその特性を詳述しているし，Lakoff (1977) も「他動性のゲシュタルト」という概念で説明した．しかし，これらの研究において示された重要部分は，いずれも簡潔な形で action chain に組み込まれていると考えられる．

以上のことから，他動性と主語・目的語のプロトタイプは，次のようにまとめられる．

(4) a. 他動性のプロトタイプ: Agent と Patient の2者が関与し，Agent からのエネルギーにより Patient の位置または状態に変化をもたらす
    b. 主語のプロトタイプ: Agent

c. 目的語のプロトタイプ: Patient

3.3 他動性と主語・目的語のスキーマ

(4) で示したものは，それぞれのプロトタイプなので，実際の言語表現ではこれから少しずつ逸脱した用例がプロトタイプ効果として現れる．たとえば，知覚経験を表す (5) のような表現は，プロトタイプの拡張例とみなされる．

(5)　Betty saw a beautiful bird.

知覚経験はエネルギー伝達ではないが，経験者から対象物への「メンタルコンタクト」(mental contact: 注意や意志を向けること) がなされるとみなされ，action chain に類似したものとして取り扱われる．次の図 3.4 を見てみよう．メンタルコンタクトは点線矢印で表される．

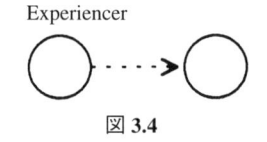

Experiencer

図 3.4

なお，このような拡張された他動性でも，主語・目的語の決定は，プロファイルされたものの先頭が主語，末尾が目的語であるという原則に従う．

他動性のプロトタイプ (4) とその拡張例との間から抽出された構造が，他動性のスキーマである．このスキーマは，定義上，すべての他動性の表現に共通した特徴を示し，(6a) のように表される．これに伴い，主語と目的語も，(6b)(6c) のように特徴づけられる．

(6)　a.　他動性のスキーマ: 2 つの参与者の間に何らかの非対称的関係が存在する
　　　b.　主語のスキーマ: 非対称的関係の先頭 (トラジェクターで，第 1 の Figure)

c. 目的語のスキーマ: 非対称的関係の末尾(ランドマークで, 第2のFigure)

以上, (4)と(6)で示したように, 他動性とそれが関わる主語と目的語について, それぞれプロトタイプとその拡張, およびそれらのスキーマという観点から, その特徴を記述することができた.

なお, A resembles B. や Line A intersects line B. のように, A と B が一見「対称的関係」とみなし得る例もあるが, 認知的際立ちという点では, 2つの参与者には必ず非対称性が存在する. したがって, これらの例も(6)の記述を逸脱するものではない.

3.4 セッティング主語構文の文法関係

Langackerは, ビリヤードボール・モデルのほかにもう1つ, ステージ・モデルという認知モデルを提唱している. このモデルでは, 「話者(観察者)」と「話者が関心を向けた特定の場面や時間(setting)」の関係が, 観劇者とステージの関係に喩えられている. ステージ上の役者や小道具は, 話者が関心を向けた場面で事態を構成する参与者である.

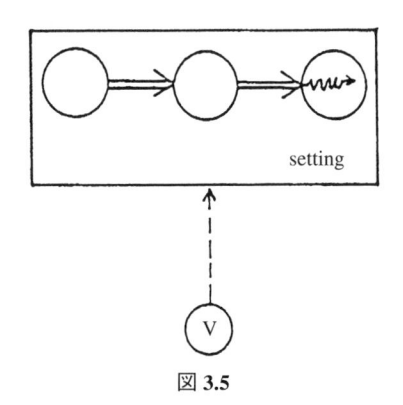

図 3.5

この図の「セッティング」(setting)は事態が起こる空間や時間を含むため, 言語的には普通, 副詞句(前置詞句)で表されることになる.

ところが(7b)に示すように, 英語にはこのセッティングを主語にする

構文がある．これを「セッティング主語構文」という．

（7） a. Bees are swarming all through the garden.
b. The garden is swarming with bees.

(Langacker 1990)

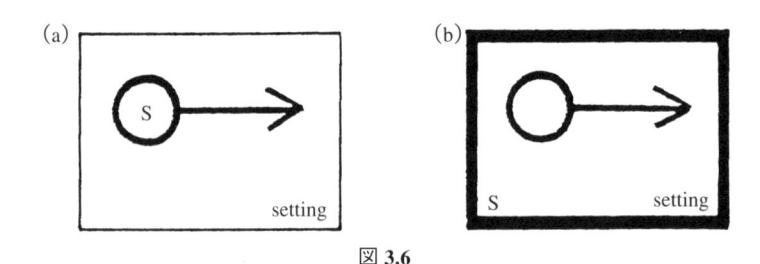

図 3.6

(7a) (7b) は，事態認知モデルを用いると，それぞれ図 3.6 の (a) (b) のように表される．ともにベースとする事態は同じであるが，トラジェクターとして選ばれたのが (7a) では bees, (7b) ではセッティングそのものである．これらの例から，主語として選ばれるのは，必ずしも参与者でなくてもよく，求められるのは Figure として解釈され得るだけの十分な際立ちであることがわかる．

4. 参照点が関わる文法現象

私たちは，何かを「参照点」として，ほかのものとメンタルコンタクトをとることができる．この能力は「参照点の能力」と呼ばれ，人間の基本的な認知能力の1つである．参照点については，すでに 2.1.3 でその基本的な特徴について触れたので，ここでは繰り返さない．重要なのは，参照点の能力がさまざまな言語現象に投影されていて，それらの表現の中核的な構造を形作っていることである．以下，本章では所有表現，メトニミー，二重主語構文，照応代名詞，焦点連鎖などを順次取りあげ，参照点の認知能力が言語の構造にいかに深く組み込まれているかを見ていく．

なお，Langacker (1993) はこの参照点の能力を，人間が生まれながらにして持っている「イメージ・スキーマ能力」（image-schematic ability）の1つだと考えている．Langacker のいうイメージ・スキーマ能力とは，container-content, source-path-goal, part-whole, center-periphery などを認知する能力で，たとえば source-path-goal だと，「ある点からある点へ心的にたどる能力，つまり心的走査（mental scanning）の能力」のことである．このイメージ・スキーマ能力は，幼児のころは直接的，具体的経験に限定されるが，認知的に発達するにつれ抽象的領域にも適用されるようになり，徐々に高尚な概念内容にも発現するようになる．その結果，非常に抽象的なイメージ・スキーマ自体の操作が可能になると考えられている．なお，本章の例文と図は，（3）と（7）を除き，Langacker (1997) によるものである．

4.1 参照点による文法現象

4.1.1 所有表現

まず次の例を見てみよう．

(1) a. the doctor's wallet　b. the dog's tail　c. Bill's uncle
 d. the cat's fleas　e. the Lincoln's assassination

これらの例では，あるものが，ほかのものとメンタルコンタクトをとるための参照点となっている．これら所有表現のイメージ・スキーマは，「本質的に非対称的な参照点関係」である．

(1) の最初の3例は，「A's B」の A, B が，それぞれ「所有者と被所有物」(1a)，「全体と部分」(1b)，「血縁関係」(1c) を表す．これらはいずれも所有関係のプロトタイプである．(1a) では「所有者」が，(1b) では「全体」が参照点となる．(1c) の血縁関係では，一般に「自己」を参照点として「叔父」などが定義される．

(1d) では，一般に猫が参照点になる．これは，猫の方がノミより目につきやすく，次の (2) に示す「際立ちの傾向の原則」に従うと考えられる．(> 記号の左側が際立ちが高い．)

（2）　human > non-human; whole > part;
concrete > abstract; visible > non-visible

ただし，「ノミたちが住み処としている猫」の意味であれば，the fleas' cat はもちろん問題ない．この場合は「所有者と被所有物」の関係である．(1e) も (2) の原則に従い，事態 (assassination) そのものよりも事態の参与者 (Lincoln) の方が具体的で際立つため，参照点となっている．

4.1.2　メトニミー

メトニミーについては 2.3.3 で，またメトニミーと参照点の関係については 2.3.4 で詳しく述べたので，基本的な説明は省き，ここでは要点だけ繰り返しておこう．メトニミー(換喩)とは，典型的には 2 つの要素 A と B が近接性の連想に基づいて「認知的なまとまり」をなすとき，認知的に際立つ方 (A) が他方 (B) を表す関係のことである．このとき，A が参照点，B がターゲットで，B は大部分活性領域と重複する．

メトニミーにおいても，認知的際立ちの傾向は (2) の原則に従う．例を 1 つだけ挙げておこう．たとえば，*The kettle* is boiling. では，The kettle が参照点で，その認知的際立ちを持つ．ターゲットは湯で，この場合湯気しか見えず，認知的際立ちは相対的に低い．

4.1.3　二重主語構文

次の日本語の例では，「鼻が低い」は 1 つの節であるが，「太郎」という主語がついて，さらに高次の節を形成している．

（3）　太郎は鼻が低い．

外の主語と中の節全体とは，「太郎」を参照点，中の節をターゲットとする「参照点主語構文」(reference-point subject construction) を形成している．外の主語と中の節内の主語とは，所有関係あるいは全体と部分の関係にある．また外の主語は，中の事態 (event) が起こるための setting になっているといえる．

4.1.4 照応代名詞

次の例文（4a）においては，名詞句の指示対象が参照点で，代名詞がターゲットである．

(4) a. My car, it's always giving me trouble.
b. *It, my car's always giving me trouble.

代名詞を用いるときは，指示対象がその文脈においてすでに確認され，アクセス可能でなければならない．一方通常の名詞句は，指示対象がその文脈に新たに導入されるか，再確認される場合に使用可能である．(4a) では，トピックによって名詞句の指示対象が確認され，その dominion 内に代名詞が生じていて，アクセス可能な文であるが，(4b) は，それが不可能である．

4.2 参照点の動的側面

認知言語学では，意味構造は概念構造と等しい．そしてこの概念構造は，概念化の処理時間が関わるという特徴から，本質的に動的な (dynamic) 性質を持つとされている．

参照点が関わる関係も，本質的に動的な性質を持つ．このことについては，すでに 2.1.3 の図 2.4 で簡単に説明したが，より正確に描くと，次の図 4.1 のようになる．

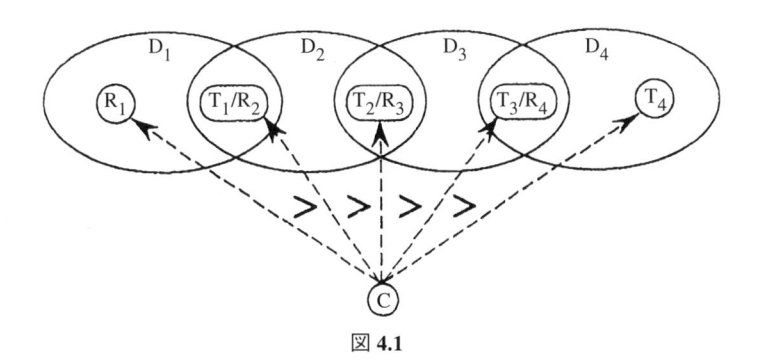

図 4.1

2.1.3 の図 2.4 では，参照点 R を経て T に至ると，新たにこの T が注目の焦点になり，それが D を形成して，次の新たな参照点となることができた．これを図 4.1 で説明すると，R_1 を経て T_1 に至ると，今度はこの T_1 が新たな参照点 R_2 となり，D_2 を形成して，T_2 に至る．この連鎖は無限の長さになり得るもので，次の (5) のように表すことができる．

(5) $R_1 > T_1 / R_2 > T_2 / R_3 > T_3 / R_4 > T_4$

(6) my friend's cousin's wife's sister's lawyer

(7) She looked about her. It was a beautiful country. At her feet were the prettiest flowers she had ever seen. On all sides were great trees. In front of her were hills, and on one of the hills was a great white house, with many windows. （河上 1984: 136）

(6) は実際にはあまり用いられそうもない複合的な所有関係の表現，(7) は次々と視線を動かしていく情景描写の例で，いずれも (5) に示した参照点の連鎖の構造を持っている．

4.3 全体と部分の関係

全体と部分の関係では，部分が全体の中に位置づけられていて，次の (8) のような階層を成している．

(8) a. body > arm > hand > finger > knuckle
b. house > door > hinge > screw

この関係においては，より大きな単位が，直接下の単位にアクセスするための参照点として機能する．図 4.2 がこの関係を示している．この場合特徴となるのは，参照点が支配領域(D: ターゲットが存在しうる範囲)と一致することである．なぜなら，arm を参照点，hand をターゲットとする場合，hand の存在しうる範囲 (D) は arm 以外にないからである．

図 4.2

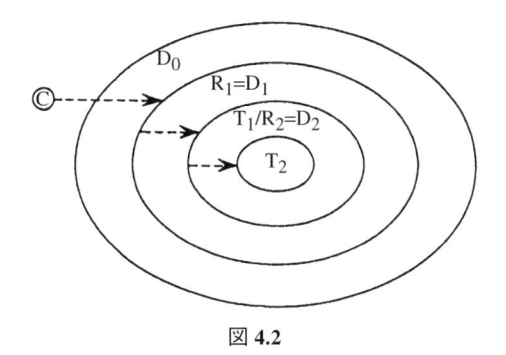

図 4.2 で, $R_1 = D_1$ を arm とすれば, その内側の $T_1 / R_2 = D_2$ は hand, T_2 は finger である. arm と hand, hand と finger は直接的にアクセス可能であるが, arm と finger は間接的である.

次の (9) (10) が示すように, 全体と部分の間に直接的なアクセスが可能であれば容認性が上がることがわかる. *印のものはすべて間接的なアクセスである.

(9) a. An arm has 1 hand.　A hand has 5 fingers.
　　　　?*An arm has 5 fingers.
　　b. The door has 3 hinges.　Each hinge has 6 screws.
　　　　?*The door has 18 screws.
(10) a. fingernail; eyelid; *armnail; *facelid
　　b. door hinge; hinge screw; *door screw

4.4　入れ子型場所構文

「入れ子型場所構文」(nested locative construction) とは, 例文 (11) のような構文で, 存在物(トラジェクター: tr)のありかを, 入れ子型になった複数の場所表現で狭めてゆき, 最終的に位置づける構造を持つ.

(11)　Your camera is in the study, in the closet, on the top shelf, beside the pillows.

Your camera が tr で，副詞句はサーチドメイン（search domain: SD, 検索領域）を表す．サーチドメインとは，その場所句表現に合致する tr の生起可能な位置の集合のことである．beside, in を伴う副詞句の SD は次のとおりである．

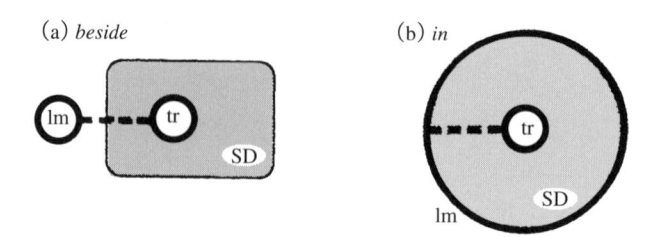

(a) *beside*

(b) *in*

入れ子型場所構文の参照点関係を図示したのが，次の図 4.4 である．それぞれの lm が参照点 R となり，SD が Dominion (D) として機能する．ターゲット T は次の場所関係の lm で，新たな参照点となる．

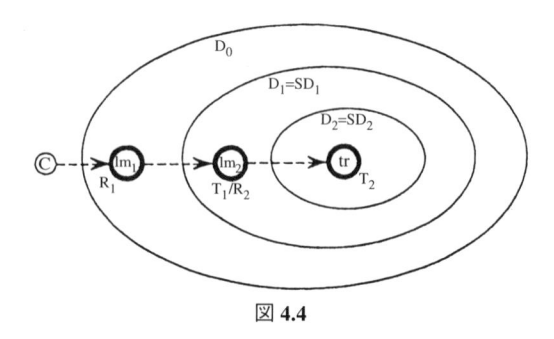

図 4.4

この関係を (11) にあてはめると，次のように説明できる．

(12) 　　study → closet → top shelf → pillows → (camera)
　　　　R_1　　T_1/R_2　　T_2/R_3　　T_3/R_4　　T_4

4.5 自然経路と焦点連鎖

4.2 で見たように，概念構造は静的なものではなく，処理時間に沿って発現し展開する（emerge and develop）動的なものである．Langacker はこれを動的概念化（dynamic conceptualization）と呼ぶ（Langacker 1997, 1999）．この動的性質の一側面として，「自然経路」（natural paths）が参照点連鎖を形成する「焦点連鎖」（focus chain）の現象を見てみよう．

ここで自然経路とは，「要素間の認知的に自然な順序づけ」のことで，たとえば，動作主を出発点とした action chain の参与者間のエネルギー伝達，主語を出発点とした相対的際立ちに基づく tr > lm > other のアクセスの順序，慣例的な言語表現上の単語の順序など，私たちの ICM（理想認知モデル）の知識にかなうものである．自然経路は調和する傾向があり，最大限に調和しているものが中性（neutral）で，無標（unmarked）のものとされる．

自然経路の源は始発点（starting point）と呼ばれ，図 4.5 に示したように，しばしば参照点による焦点の連鎖を形作る．焦点 F_1 は，自然経路の自然な順序づけに従い，次の焦点 F_2 が見つかるようなコンテクスト C_2 を喚起する．次いで，F_2 は F_3 が見つかるコンテクスト C_3 を喚起する，という具合に焦点がつながっていく．

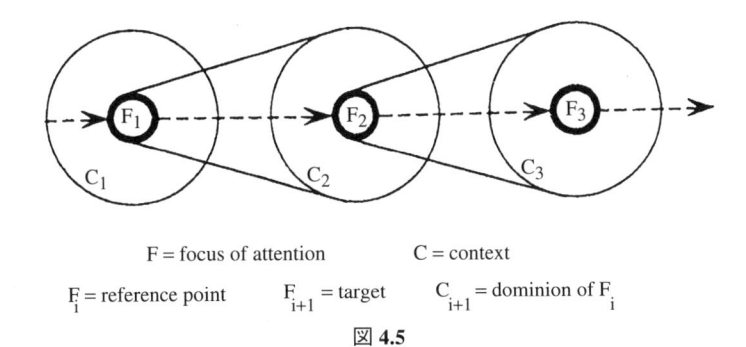

F = focus of attention　　C = context
F_i = reference point　　F_{i+1} = target　　C_{i+1} = dominion of F_i

図 **4.5**

この焦点連鎖の構造は，参照点連鎖（4.2 を参照）と本質的に同じもので

あり，モデル表示の仕方が異なるだけである．しかし，モデル表示をこのように一般化することで，私たちが持っているさまざまな自然経路の知識と概念化の関係をうまく説明することができる．たとえば，tr > lm > other の連鎖は焦点連鎖を形成するが，これは概念や言語の組織化におけるアクセスの順序を表すことになる．tr が第 1 の際立ちを持つのは，それが自然経路の始発点であるからであり，lm が第 2 の際立ちを持つのは，それが次の焦点，すなわち最初のターゲットであるからである．また，プロファイルとベースの関係も，焦点連鎖の構造で説明できる．

5. 繰り上げ構文

本章では Langacker (1995) で議論された「繰り上げ構文」(raising constructions) を取り扱う．この現象を説明するために Langacker が用いた理論は，活性領域とプロファイルの不一致という考え方である．この現象はメトニミーの特例とみなされ，認知的に際立つ参与者を参照点とし，事態をそのターゲットとする参照点構造からなると説明される．このように繰り上げ構文の現象は，認知文法では参照点という基本的認知能力に還元されることになる．

5.1 繰り上げ構文の特徴

繰り上げ構文には，次の (1)–(3) のような 3 種類のタイプがある．(b) が繰り上げ構文で，(a) がそれに対応する非繰り上げ構文である．生成文法では (a) (b) を同義とみなし，「繰り上げ規則」(raising rule) により両者を関連づけた．ただし，理論の変遷に伴い，現在は SSR タイプだけが繰り上げ構文とみなされている．

(1)　　補文主語から主節目的語への繰り上げ
　　　　　［Subject-to-Object Raising: SOR タイプ］
　　　　a.　We expect that *Don* will leave.
　　　　b.　We expect *Don* to leave.
(2)　　補文主語から主節主語への繰り上げ

　　　　　　［Subject-to-Subject Raising: SSR タイプ］
　　　　a.　That *Don* will leave is likely.
　　　　b.　*Don* is likely to leave.
（3）　　補文目的語から主節主語への繰り上げ
　　　　　　［Object-to-Subject Raising: OSR タイプ］
　　　　a.　To like *Don* is easy.
　　　　b.　*Don* is easy to like.

　3つのタイプのうち，(1)の SOR，(2)の SSR のタイプの述語は，繰り上げられる要素に対し制約を課さず，「統語的ダミー要素」とされる it や there，イディオムの一部などが繰り上げ位置に生起できる．この特性のことを「透過性」(transparency) という．

（4）　　a.　We expect *it* to rain.
　　　　b.　I expect *there* to be mud on the car.
　　　　c.　They expected *tabs* to be kept on all dissenters.

5.2　繰り上げ述語の多義性

　生成文法では (1)–(3) の (a) と (b) は同義と考え，互いに繰り上げ規則で関係づけられているため，(a)(b) の述語に意味の違いはない．しかし認知文法では，形式が変われば解釈も異なるため，(a) と (b) は同義ではなく，したがって (a) の構文と (b) の構文では，同じ述語でも意味が異なることになる．認知文法では (a) の構文の意味をプロトタイプとし，(b) の構文の意味をその拡張とみなし，3つのタイプの述語がそれぞれ多義性の構造をなすと考える．次に，それぞれの述語のプロトタイプとその拡張の意味を見てみよう．

　まず，3つの述語の基本的意味(プロトタイプ)の特徴は次の (5) のように述べることができる．

（5）　　a.　expect は「事態」をランドマーク(目的語)として選択する．
　　　　b.　likely は「事態」をトラジェクター(主語)として選択する．
　　　　c.　easy は「事態」をトラジェクター(主語)として選択する．

このプロトタイプの意味をそれぞれ，EXPECT$_1$, LIKELY$_1$, EASY$_1$ と表記すると，それぞれの認知モデルは次の図 5.1 のように表される．

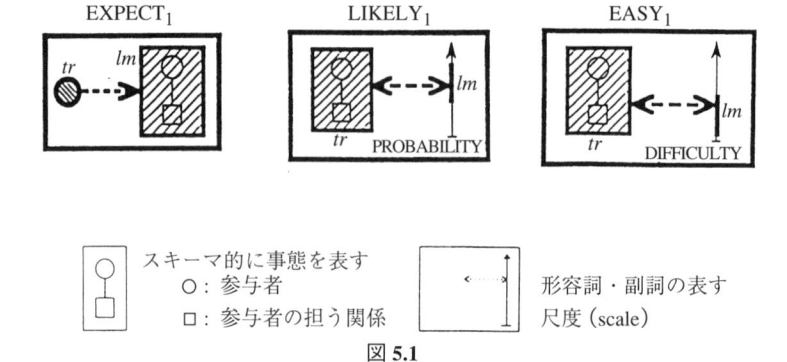

図 5.1

tr は主語，lm は目的語を表す．太線はプロファイルを表し，言語化されている要素である．長四角のボックスはスキーマ的に事態を表している．likely や easy の意味は，尺度上の対応部分を太線でプロファイルして示してある．これに対し，拡張された繰り上げ述語としての意味は，それぞれ EXPECT$_2$, LIKELY$_2$, EASY$_2$ と表記され，その認知モデルは図 5.2 のように表される．

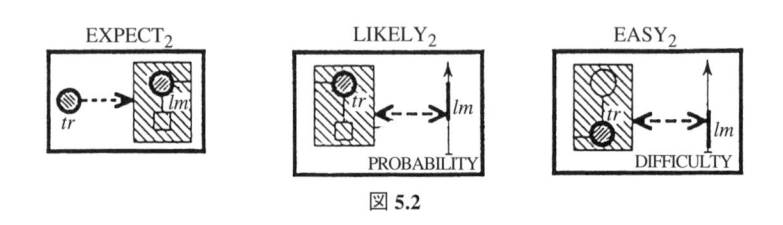

図 5.2

　図 5.1 の基本的意味（EXPECT$_1$, LIKELY$_1$, EASY$_1$）と図 5.2 の拡張の意味（EXPECT$_2$, LIKELY$_2$, EASY$_2$）は，共にベースは同じであるが，太線でプロファイルされた部分が異なる．基本的意味では，主語 (tr) や目的語 (lm) に「事態」が選ばれていたが，拡張の意味ではその事態の「参与者」

が選ばれている．これは，基本的意味では「事態」に与えられていた際立ちが，繰り上げ文ではその「参与者」に移されたことを意味している．

5.3　繰り上げ文と参照点

これまでの考察から，非繰り上げ述語と繰り上げ述語について，次の2点が明らかになった．

① 認知モデルでは，両タイプの述語が共に「事態」に直接対応している．
② 際立ちは，非繰り上げ述語では「事態」に，繰り上げ述語ではその事態の「参与者」にある．

これらのことから，繰り上げ構文では認知的に際立つもの(参与者)と，実際に述語が表す関係に関わるもの(事態)とが食い違っていることがわかる．しかしこのずれは，前章で見た参照点の認知モデルを用いるとうまく説明がつく．

参照点については，2.1.3で基本的な側面を述べ，また前章で参照点に関わる文法現象に触れたので，ここで改めて繰り返す必要はないであろう．次の例文に関して，要点だけまとめておこう．

(6)　a.　The car doesn't know where he's going.
　　　b.　John heard a trumpet.

2.1.3で述べたように，メトニミー(換喩)とは，典型的には2つの要素AとBが近接性の連想に基づいて「認知的まとまり」をなすとき，認知的に際立つAがBを表す関係のことである．このときAが参照点となり，Bがそのターゲットとなる．(6a)は，目に見えている車を参照点(A)にして，それを運転している(見えない)人物(B)を指すメトニミーの例である．

また(6b)では，Johnが聴いたのは，トランペットという楽器そのものではなく，それを吹いたときに出るトランペットの音である．このように，名詞句によるプロファイルのうち，表された関係に直接関与している

と思われる部分(ここではトランペットの音)を活性領域(active zone: az, 2.3.4 参照)という．(6a)ではトランペットを参照点として，その音をターゲットにしている．普段あまり気づいていないが，実際の言語表現では，プロファイルと活性領域が一致しない場合が圧倒的に多い．これは，参照点を作り出すという極めて基本的な私たちの認知能力によるものである．

　繰り上げ構文も，実は，この参照点と活性領域の不一致の現象であるというのが Langacker の主張である．たとえば，SSR の LIKELY$_2$ の例でいうと，参与者の Don が際立ちを与えられ tr となっているが，LIKELY$_2$ が直接対応するのは，Don 個人ではなく，[Don to leave]という事態である．このことから，Don が認知的際立ちを与えられて参照点として機能し，[Don to leave]という事態をターゲットとして指示しているという構造が見えてくる．つまり，[Don to leave]が Don の活性領域である．この関係をまとめてみると，次の(7)のようになる．また(8)はまとめで，イタリックの部分が参照点，下線の部分がターゲットでかつ活性領域である．

(7) ① 繰り上げ述語が表す関係に直接関わらない「参与者」が tr または lm としてプロファイルされ，参照点となる．
② 参照点のターゲットと活性領域は，それ自身が関わる「事態」である．

(8) a. EXPECT$_2$: I expect *Don* to leave.
b. LIKELY$_2$: *Don* is likely to leave.
c. EASY$_2$: *Don* is easy to please.

　なお，透過性の問題についても触れておかねばならない．際立ちのない統語的ダミー要素やイディオムの構成要素が参照点として機能するのは矛盾する，という意見があるかもしれない．しかし，認知文法では，あらゆる形式に意味があると想定し，it や there にも抽象的なセッティングを指定し，その後に続く要素を導入するためのフレームとして働く機能があると考える．イディオムも，要素が独立した意味を持つときは参照点としての機能を果たすことができるが，kick the bucket のように，要素が意味を

持たないときはその機能はない.

　また,繰り上げ文と非繰り上げ文の意味の違いにも触れておかねばならない.次の(9a)では,参照点になっているBillに際立ちを与えることで,付随的にBillの意志にも際立ちが与えられるが,(9b)にはそのような際立ちはない.その差異は,Billの意志に関わるbecause節を付加することで明らかになる.

(9)　a.　Bill is certain to get the job, because he pursued it so aggressively.
　　　b.　?That Bill will get the job is certain, because he pursued it so aggressively.　　　　　　　　　　（Langacker 1995）

　以上本章では,Langacker(1995)で議論された「繰り上げ構文」について,その中心的な考え方を概観してきた.最後に,この言語現象をめぐる生成文法と認知文法の取り扱いの違いについて簡単にまとめておこう.

　言語構造がさまざまな認知機能と関連し,また,それらの認知機能が言語の使用・習得・発展などを説明する上で重要であることは広く知られている.しかしこうした認知機能を理論的にどう扱うかについては,立場により見解が異なる.生成文法など形式主義の立場は,認知機能は言語構造の解明にとって副次的なものにすぎず,従って言語構造は認知機能から独立して研究され,自律的に記述されるべきだと考える.これに対し認知文法など機能主義の立場は,認知機能は言語構造の解明にとって基盤となるものであり,認知機能を明確に理解しなければ言語構造を正しく記述できないと考える(p.166を参照).

　こうした考え方の違いは,当然「繰り上げ構文」の扱いにも反映されることになる.生成文法はこの現象を,認知から独立した統語論の概念で説明するのに対し(第2部を参照),認知文法は,認知能力に基づいた理論的構成概念で説明することになる.このような理論的背景から,Langackerは,繰り上げ構文を,「active zoneとプロファイルの不一致」を特徴とするメトニミーの特例だとみなし,最終的には,参照点能力という基本的認知能力に還元できる現象であると結論づけている.

おわりに

　非常に素朴な機能主義的発想からすれば，ことばというのは本質的に機能的なものかもしれない．人間が2本足で歩くようになり，脳が発達する．やがて簡単なことばを用いてコミュニケーションができるようになると，ことばの構造が機能的に豊かになり，長い年月を経て，それが遺伝的にも蓄積されるようになる．このように考えると，ことばの使用の積み重ねが文法構造に反映されても何もおかしくない．しかもこの一連の発達は，人間の認知の発達と同時に進行していたはずである．ことばと認知がまったく異なる基盤であると考えるより，同じ基盤を共有すると考えた方が，発達論的にも理論的にも自然であり，何よりも簡潔である．

　しかし，どのような方法で，このことばと認知の不可分の関係を理論化し，科学として耐えられる分析方法を確立すればよいのか．この点が一番難しいところである．

　20世紀の言語研究を振り返ってみると，前半の客観主義の時代，それに続くアメリカ構造主義言語学の時代，Chomskyの生成文法の時代と続いてきた中で，ことばと認知の関わりが本格的に研究され始めたのは，やっとここ20年ほど前からである．生成文法が「形式」を中心にことばの研究を進めてきたのに対し，今やっと「意味」を中心とした研究が成果を出し始めたところである．

　本稿では，認知文法の領域で最も活発な議論を展開しているLangackerの理論を中心に概観してきた．彼の理論では，言語構造は認知機能を基盤とするため，言語現象はすべて認知の概念で説明されている．文法におけることばと認知の関わりを本格的に説明した最初の試みとして，この理論の今後の発展に注目していきたい．

結論　言語研究の展望

　本書では，ことばの音韻と語形成に関わる側面に関して考察を加えることから説き起こして，ことばの形式面である文の仕組み，つまり，統語論に関して，その中心的問題に焦点を絞り，その特徴の一端を明らかにした．次いで，ことばのもう一方の側面，つまり，意味論の中核的現象を取り上げ，その説明方式に及んだ．最後に，認知言語学的視点から，生成言語理論と相補うようなことばの説明方式についてさまざまな観点から具体的に考察を加えてきた．

　20世紀の言語研究は，言語の多様性に目を向けたアメリカ構造主義言語学の研究を経て，50年代後半から生成文法理論の研究によって，めざましい発展を遂げた．生成文法理論の研究は，言語研究の新たな地平を開き，言語研究の発展と進化に多大の貢献をし，特に統語論の研究は，ミニマリスト (Minimalist) の研究に至って，ほぼ極限まで研究がなされた．

　その一方で，生成文法があまりにも形式中心であることに対する反動として，認知の仕組みと言語の仕組みを関連づけ，言語の仕組みは，認知の仕組みに依存しているというテーゼの下に，さまざまな認知言語学の研究が試みられた．今や，認知言語学の流れが，多くの研究者の興味を引いており，さらには，語彙意味論のさまざまな試みも活発になされている．

　21世紀の初頭から前半部分の言語研究は，生成文法理論の研究から，認知文法理論の研究へと重点がさらに移って行くことになろう．しかし，生成理論の中核は，統語論に関しては残らざるを得ないであろう．

　21世紀の言語研究への展望のもう一方の極としては，言語の語用論的側面の研究もさらに重要視されることになろう．チョムスキーが言語研究を言語能力 (competence) の研究と言語運用 (performance) の研究に峻別し，言語能力の研究に集中した結果，言語の本質に関わる中核部はかなり

明らかになってきた．

　しかし，その反面，言語運用の研究は，大幅に遅れており，語用論の研究や関連性理論などによって，研究が着実になされているとはいえ，これからの部分が多い．

　同じ現象でも，理論が違えばその料理の仕方は全くと言ってよいほど異なる．生成文法の取り組み方と，Jackendoff流の意味論的接近方法とですら異なっている．まして，認知文法的接近法では大きく異なっており，さらには，主要部駆動句構造文法（Head-driven Phrase Structure Grammar (HPSG)）ではさらに異なっており，構文文法の枠組みでも現象に関する取り扱い方は異なっている．

　このように，理論が異なれば，同じ現象でも違って見えるのであるから，理論研究がきわめて重要であることが理解できよう．鏡がゆがんでいれば，われわれの姿は正確には映し出されないのと同様，理論がゆがんでいれば，言語の正確な姿は明らかにされ得ない．言語の姿を過不足なく明らかにするためには，さらに見通しのよりよい理論研究が望まれるゆえんである．

　人間の生き方まで左右する大きな力をもつことばの本質に迫るような，より説明力の大きな言語理論の研究が望まれる一方，新たな言語現象の発見を目指す，実践的な研究も，世界中のさまざまなタイプの言語に関してさらになされなければならない．言語の研究が，理論と実践のバランスのとれた研究によって行われるべきであるのは，それなしには，大きな成果を上げることが難しいか，大幅に遅れるからである．

　言語は，社会的環境や技術革新によって，さまざまな影響を受け，急速に変化を遂げる．そのような移ろいやすい側面をもつ言語の研究は，それぞれの時代における言語現象の組織的な記録と分析によって，その姿を保存する必要があろう．その一方で，言語の本質に迫るような深い理論研究も，組織的になされなければならない．

参 照 文 献

第1部　音声と語の仕組み

Bolinger, Dwight (1986) *Intonation and Its Parts: Melody in Spoken English*, Stanford University Press, Stanford.
Bolinger, Dwight (1989) *Intonation and Its Uses: Melody in Grammar and Discourse*, Stanford University Press, Stanford.
Chomsky, Noam and Morris Halle (1968) *The Sound Pattern of English*, Harper and Row, New York.
Davis, Stuart (1999) "On the Distribution of /h/ and Aspirated Stops in American English," paper presented at HILP 4, Leiden.
Halle, Morris and Jean-Roger Vergnaud (1987) *An Essay on Stress*, MIT Press, Cambridge, MA.
Haraguchi, Shosuke (1991) *A Theory of Stress and Accent*, Foris, Dordrecht.
斎藤武生・原口庄輔・鈴木英一共編 (1995) 『英文法への誘い』開拓社, 東京.
田中伸一・阿部潤・大室剛志 (2000) 『入門生成言語理論』ひつじ書房, 東京.
Yamada, Eiji (1990) "Stress Assignment in Tokyo Japanese (1) — Parameter Settings and Compound Words —,"『福岡大学人文論叢』21:4, 1–30
Yip, Moira (1991) "Coronals, Consonant Clusters, and the Coda Condition," *Phonetics and Phonology* 2, 61-78.

第2部　文の仕組み

Jacob, François (1976) "Evolution and Tinkering." *Science* 196 (4925), 1161–1166.
Langacker, Ronald (1991) *Foundations of cognitive grammer*. Vol. II. Stanford University Press, Stanford.
Nakajima, Heizo (1998) "Concessive expressions and complementizer selec-

tion," *Linguistic Inquiry* 29, 333–338.
Stowell, Tim (1982) "The tense of infinitives," *Linguistic Inquiry* 13, 561–570.
Zipf, George Kingsley (1965) *Human Behavior and the Principle of Least Effort: An Introduction to Human Ecology*, Hafner Publishing Company. New York.

第3部 意味の仕組み

Diesing, Molly (1992) *Indefinites*, MIT Press, Cambridge, MA.
Dowty, David R. (1979) *Word Meaning and Montague Grammar*, Reidel, Dordrecht.
Gruber, Jeffrey S. (1965) *Studies in Lexical Relations*, Ph. D. dissertation, MIT.
Levin, Beth and Malka Rappaport Hovav (1995) *Unaccusativity: At the Syntax-Lexical Semantics Interface*, MIT Press, Cambridge, MA.
May, Robert (1985) *Logical Form: Its Structure and Derivation*, MIT Press. Cambridge, MA.
McCawley, James D. (1973) *Grammar and Meaning*, Taisyukan Publishing Company, Tokyo.
中村捷・金子義明・菊地朗(近刊)『生成文法の新展開──ミニマリスト・プログラム』研究社出版,東京.
杉本孝司 (1998a)『意味論1──形式意味論─』くろしお出版,東京.
杉本孝司 (1998b)『意味論2──認知意味論─』くろしお出版,東京.
Talmy, Leonard (1975) "Semantics and Syntax of Motion," *Syntax and Semantics* 4, ed. by John P. Kimball, 181–238, Academic Press, New York.
Talmy, Leonard (1985) "Lexicalization Patterns: Semantic Structure in Lexical Forms," *Language Typology and Syntactic Description*, ed. by Timothy Shopen, 57–149, Cambridge University Press, Cambridge.
Vendler, Zeno (1967) *Linguistics in Philosophy*, Cornell University Press, Ithaca, NY.
Verkuyl, Henk J. (1993) *A Theory of Aspectuality: The Interaction between Temporal and Atemporal Structure*, Cambridge University Press, Cambridge.

第4部 ことばと認知の仕組み

Fillmore, Charles (1968) "The Case for Case," *Universals in Linguistic Theory*, ed. by E. Back and R.T. Harms, 1–88, Holt, Rinehart, and Winston, New

York.
Fillmore, Charles (1982) "Frame Semantics," *Linguistics in the Morning Calm*, ed. by Linguistic Society of Korea, 111–138, Hanshin, Seoul.
Hopper, Paul J., and Sandra A. Thompson (1980) "Transitivity in Grammar and Discourse," *Language* 56, 251–299.
Katz, J.J. and J.A. Fodor (1963) "The Structure of a Semantic Theory," *Language* 39, 170–210.
河上誓作 (1984) 「文の意味に関する基礎的研究」『大阪大学文学部紀要』第24巻(モノグラフ), 大阪大学文学部.
河上誓作(編著) (1996) 『認知言語学の基礎』研究社出版, 東京.
Labov, William (1973) "The Boundaries of Words and Their Meanings," *New Ways of Analyzing Variations in English*, ed. by Charles N. Bailey and Roger W. Shuy, 340–373, Georgetown University Press, Washington, D.C.
Lakoff, George (1977) "Linguistic Gestalts," *Papers from the 13th Regional Meeting of the Chicago Linguistic Society*, 236–287, Chicago Linguistic Society, Chicago.
Lakoff, George (1987) *Women, Fire, and Dangerous Things*, University of Chicago Press, Chicago. (池上嘉彦・河上誓作他(訳)『認知意味論』, 紀伊國屋書店, 東京, 1993)
Lakoff, George and Mark Johnson (1980) *Metaphors We Live By*, University of Chicago Press, Chicago. (渡辺昇一他(訳)『レトリックと人生』, 大修館書店, 東京, 1986)
Langacker, Ronald W. (1987) *Foundations of Cognitive Grammar*, vol. 1: *Theoretical Prerequisites*, Stanford University Press, Stanford.
Langacker, Ronald W. (1988) "A Usage-Based Model," *Topics in Cognitive Linguistics*, ed. by Brygida Rudzka-Ostyn, 127–161, John Benjamins, Amsterdam and Philadelphia.
Langacker, Ronald W. (1990) "Settings, Participants, and Grammatical Relations," *Meanings and Prototypes*, ed. by S.L. Tsohatzidis, 213–238, Routledge, London.
Langacker, Ronald W. (1993) "Reference-point Constructions," *Cognitive Linguistics* 4, 1–38.
Langacker, Ronald W. (1995) "Raising and Transparency," *Language* 71, 1–61.
Langacker, Ronald W. (1997) "A Dynamic Account of Grammatical Function,"

    Essays on Language Function and Language Type, ed. by Joan Bybee, John Haiman and Sandra A. Thompson, 249–273, John Benjamins, Amsterdam.
Langacker, Ronald W. (1999a) "A Dynamic Usage-Based Model," *Grammar and Conceptualization*, 91–146, Mouton de Gruyter, Berlin and New York.
Langacker, Ronald W. (1999b) "Assessing the Cognitive Linguistic Enterprise," *Cognitive Linguistics: Foundations, Scope, and Methodology*, ed. by Theo Janssen and Gisela Redeker, 13–59, Mouton de Gruyter, Berlin and New York.
Minsky, M. (1977) "Frame-System Theory," *Thinking: Readings in Cognitive Science*, ed. by P.N. Johnson-Laird and P.C. Watson, 355–376, Cambridge University Press, Cambridge.
Norvig, Peter, and George Lakoff (1987) "Taking: A Study in Lexical Network Theory," *BLS* 13, 195–206.
Rosch, Eleanor (1978) "Principles of Categorization," *Cognition and Categorization*, ed. by Eleanor Rosch and B.B. Lloyd, 27–48, Lawrence Erlbaum Associates, Hillsdale, N.J.
Wittgenstein, Ludwig (1953) *Philosophical Investigations*, Basil Blackwell & Mott, Oxford.

索　引

あ　行

挨拶のことば　6
あいまい母音[ə]　17
アクセス可能　205
アクセント　23, 45, 50,
アクセントシステム　24
アクセントと意味のインターフェイス　60
アスペクト　121, 122, 126, 127
一般量化子理論　163
イディオム　212
移動規則　34
意味関係　50, 51
意味極　172
意味合成　132–40
意味情報　4, 9, 48, 51, 61
意味素性　190
意味役割　68
意味余剰規則　141, 143
意味論　4
イメージ・スキーマ　201
イメージ・スキーマ能力　201
入れ子型場所表現　181, 205
韻　12
韻脚　35, 36, 50
インターフェイス　50, 57, 58, 60, 61
イントネーション　39, 41, 43, 45, 47, 50
イントネーションと意味　43
ウイリアム症候群　103
右方移動　95–99
英語の強勢　28
英語のリズム　37
英詩の作詩法　35
重い音節　26
音韻　9, 20, 57, 59

音韻規則　59
音韻極　172
音韻構造　48, 171
音韻情報　49, 60, 61
音韻体系　10
音韻論　4, 9, 59–61
音声　3, 9, 57, 58, 61
音声・音韻情報　4, 48
音声学　4, 9
音声形　12
音声形式（PF）　58, 59
音声言語　3
音声象徴　3, 57, 58
音声情報　9
音声体系　10
音声と意味　60
音声表示　59
音声変化　59
音節　12–15, 21, 26–28, 39, 45, 50
音節構造　12, 19, 21–23
音節の境界　59
音節拍のリズム　34, 35
音調　23, 39, 45, 50
音調システム　24

か　行

開音節　13
下位概念　192
概念化者　180
概念構造　171
概念習得　192
概念統合　172
外来語　57
格　51, 79, 82, 93
核音　12

拡張　171
拡張例　193
過去　52
下降上昇調（HLH）　42–44
下降調　39, 41, 42, 44
下降調のイントネーション　43
歌詞　39
家族的類似性　191
活性領域　188, 212
活動動詞　122–24, 126, 127
カテゴリー化　171, 173, 190
カテゴリー階層　192
カテゴリーのスキーマ　182
カテゴリーの成員　190
カテゴリー論　189
関係　195
還元主義　167
完了　122
完了性　124–26
記号化　171
記号構造　171
記号単位　171
記号的連結　173
擬人化　186
規則や原理の体系　7
基底構造　14
起点　68, 69
起点領域　186
機能語　30
機能主義　166, 213
基本意味構造　128
基本音調　39, 43
基本的認知能力　208
基本レベルカテゴリー　192
疑問詞　73
疑問文　43
境界性　124
共起関係　50
強形　16
強弱　35
強弱弱のリズム　35, 36

強勢　15, 16, 25–28, 30, 31, 33, 34, 37, 38, 45, 59, 60
強勢アクセント　23, 24, 30
強勢のシステム　25
強勢の衝突　37
強勢拍のリズム　34, 35, 38
虚字　89
際立ちの傾向　201
近接性　183, 186
近接の要因　177
句　31, 63
具体化　170, 193
屈折　70
屈折接辞　52, 53
繰り上げ構文　83, 208
繰り上げ述語　209, 211
群化　177
軽音節　26, 30
経験者　68, 69, 198
形式　3, 9, 58, 184
形式主義　166
形態　59
形態情報　60
形態素　4, 52
形態論　59
形容詞句（AP）　65
ゲシュタルト　177, 179
ゲシュタルト心理学　177
ゲシュタルト知覚　192
結果構文　138–41
結合　58
言語運用　105, 106, 167, 183
言語獲得装置　5, 6
言語習慣　167
言語習得　104, 105
言語使用　168
言語使用の創造的側面　6
言語知識　173
言語能力　3, 5, 101, 104, 105, 166, 167, 183, 184
限定性　124

索　引　223

語彙意味論　111
語彙分解　114, 121
語彙前の構造　112–14
語彙目録　4
項　69, 75
行為・非行為　61
行為連鎖　195
口蓋音　11
口蓋歯茎音　11
項構造　68, 69
交差現象　151
合成　171
合成意味論　184
構成概念　174
合成性の原理　178
構成素　30, 67
構成素統御　146–48, 151, 156
構造のメタファー　184
高低アクセント　23, 24, 45, 46
行動のスキーマ　182
後尾部　196
後部歯茎音　11
構文タイプ　195
声の高低(抑揚)　39
語形成　48, 52, 53, 57, 61
五七調　38
語順　50, 56, 57
個体述語　50, 160, 161
固定化　170
古典的カテゴリー論　190
語の境界　59
5 母音体系　21
語用論的情報　4
痕跡　75, 76

さ　行
サーチドメイン　174, 205
最小対立　22, 23
最小労力の原則　102
最大投射　74, 92, 95–97
最短移動　98

最短移動の原則　83, 84, 87, 91, 92, 94, 95, 98, 99, 102
左方移動　95, 96, 99
作用域　146–48
3 項的　36
三三七拍子　38
参照点　180, 188
参照点主語構文　181, 202
参照点の能力　180, 200
参照点連鎖　207
参与者　180, 194, 211
子音　20, 23
子音結合　14, 17, 19–21, 39
子音体系　11, 21
子音連続　58
使役化　135
使役性　176
歯音　11, 17
歯茎音　11
歯茎閉鎖音　18
事象のスキーマ　182
四声　39
時制要素　70
自然経路　207
事態　194, 211
七五調　38
失語症　103
指定部　72–76, 78, 80–83, 85–88, 92
自動詞　50
支配領域　180, 189
姉妹　72
斜格　81
写像仮説　158, 160
弱強　35
弱強五歩格　35
重囲　102
重音　19
重音節　26, 30
習慣化　170
従属節　40
収束的証拠　174

周辺 51
重名詞句移動 95, 97
主格 79, 80
主強勢 25, 45
熟語 49, 50
主語からの外置 96
主語への繰り上げ構文 82
主題 42, 68, 69
主題関係 50
主題役割 68
述語繰り上げ規則 116
述語分解 114, 115
出発点 207
述部 69, 70
受動文 86, 88
主部・述部関係 129–31
主要部 66–70, 74, 77, 80, 86, 92
主要部移動 91, 96, 99
主要部先端型 67, 68, 104
主要部パラメータ 68
主要部末端型 67, 104
授与動詞 50
純言語情報 48
順行同化 52
上位概念 192
照応代名詞 181, 203
照合 79–81, 85, 89, 93, 96, 101
上昇下降上昇調（LHLH) 42
上昇調 40–43, 45
小節 85, 86
状態 50
状態動詞 122, 123, 126, 127, 131
焦点 181
焦点連鎖 181, 207
助動詞の倒置 90
所有格 52
所有表現 181, 201
進行形 50
唇歯音 11
新情報 152
心的経路 180

心的構造 173
心的走査 201
数量詞繰り上げ 146
スキーマ 170, 182
スキーマ化 173
スコープの設定 195
ステージ述語 50, 159–62
ステージ・モデル 199
制限性 172
制限節 158, 160
生成意味論 115, 117, 121
生成音韻論 10, 59
生成文法 58, 100, 104, 107, 166, 184
声調 45
声調言語 45
精密化 170
声門音 11
接近音 11
接辞 52, 53, 57, 59, 60
接中辞 52
舌頂音 19
セッティング 199
セッティング主語構文 200
接頭辞 52, 69
接尾辞 52
全学連アジテーション調 47
選言疑問文 41
先行詞を含む削除 152
選択制限 50
前置詞 50
前置詞句（PP) 64, 66
先頭部 196
全文否定 43
総称的解釈 159, 161, 162
総称量化子 160–62
促音 19
側音 11
束縛代名詞 150, 151
素性 50, 79, 85, 87–90, 94, 96
存在の解釈 159
存在のメタファー 185

存在文　88, 89
存在量化子　160
存在を表す解釈　162

た　行
ターゲット　180, 212
第一強勢　35, 39
第一次言語資料　6
第一同意要素の原理　55
第一の Figure　199
帯気音　15
対称的関係　199
体制化　177
第二の Figure　199
対比強勢　34
多義性　209
達成動詞　122, 124, 126, 127
他動詞　50
他動性のゲシュタルト　197
短縮化　36
単数不定名詞句　161
談話表示理論　163
知覚要素　177
知識構造　182
着点　68, 69
注意の焦点　175
中核作用域　158, 160
中間構文　141
中国語由来の漢語　56
抽象化　170, 173, 193
中性　207
調音点　20
超分節　23
綴り字発音　16
低上昇調　41
出来事　194
典型性条件　191
問い返し疑問文　40
同位要素　55, 56
透過性　209, 212
統語構造　13

統語情報　4, 48, 50
統語的ダミー要素　209
統語論　4, 58
動作主　68, 69, 197
頭子音　12, 13, 15, 17, 19–21, 59
動詞句　64
動詞由来の複合語　55
到達動詞　122, 124, 126, 127, 131
同定可能　152, 154, 157
同定不可能　152, 154, 155, 157
動的意味論　132
動的概念化　207
特定的　154, 156, 157
トップ・ダウン　167, 169
トラジェクター　174, 180, 199

な　行
内容要件　174
軟口蓋　11
軟口蓋音　17
軟口蓋子音　18
軟口蓋鼻音　11
軟口蓋鼻子音　13
軟口蓋閉鎖音　18
肉体的基盤　185
2 項的　36
二重主語構文　181, 202
二重目的語構文　143
日本語のアクセント　28
日本語のリズム　38
認知　100
認知意味論　111, 192
認知革命　100
認知機構　177
認知機能　166, 167
認知言語学　100, 104, 107
認知心理学　177
認知的際立ち　199, 202
認知的なまとまり　186, 211
認知ドメイン　179, 182
認知能力　166, 167

認知文法　166, 184
認知モデル　199

は　行

場所　68, 69
派生語　52
派生接辞　52, 53
裸複数名詞句　159
八拍子　38
発音　58, 59
撥音　19
パラメータ　6, 104
範疇　50
非アクセントシステム　24
鼻音　11, 21
比較　171
非還元主義　168
非繰り上げ構文　208
非繰り上げ述語　211
鼻子音　17–19
非対格仮説　131
非対格動詞　90, 91, 129–32
非対称的関係　198
ピッチアクセント　23
否定の作用域　43, 44
被動作主　197
非特定的　154–57
皮肉　42, 45
非能格動詞　129–31
百科事典的・文化的情報　4, 48
ビリヤード・モデル　195
付加　96, 97
複合語　30, 31, 33, 54–56
複合語の語順を決定する原理　56
副詞　50
不定代名詞 one　156
部分格　89
部分否定　43
普遍文法　5, 6
フレーム　182, 212
フレーム意味論　182

プレグナンツの法則　177
プロトタイプ　191
プロトタイプ効果　191
プロトタイプ属性　191
プロトタイプ理論　191
プロファイル　174, 175, 179
プロファイルの設定　195
文（S）　63, 64
文アクセント　60
文化的情報　48
分節　23, 50
分節音　13, 15
文法　1, 5, 6, 58
文法範疇　63, 65, 67, 69
併合　70, 72–75, 77, 81, 87, 88, 92, 93, 97, 101
閉鎖音　11, 17, 19
平叙文　39
ベース　179
北京官話　23, 39
変数　67
編入　113, 114
弁別的機能　23
母音　20, 23
母音体系　10, 21
方向づけのメタファー　185
方法論的原則　172
法要素　155, 157
ポーズ　44
ボトム・アップ　168, 169
補部　64–68, 72, 74, 77, 78, 84, 86
補文　72, 73
補文標識　72, 93

ま　行

マキシマリズム　168
摩擦音　11
末尾子音　12, 13, 15, 19–21
末尾子音条件　21
未完了　122
右主要部規則　55

ミニマリズム 167
無アクセントシステム 23, 24
無気音 23
矛盾音調 45
無声 23
無声子音 58
無声閉鎖音 19
無標 196, 207
無標の強勢パターン 34
無標の舌頂音 20
名詞句 (NP) 64, 66
命題 68
メタファー (隠喩) 167, 183, 184
メタファー的写像 186
メトニミー (換喩) 167, 181, 183, 184, 188, 202, 211
メロディー 39
メンタルコンタクト 198
モーラ 50
モーラ拍のリズム 34, 35, 38
目的格 50
目的語からの外置 95
目的語への繰り上げ構文 84
目標領域 186
文字 3
文字言語 3
モジュール 100, 101
紋切り型音調 47

や　行

大和ことば 56
有気音 23
有声 23
有声子音 58
有声と無声の対立 22
有声閉鎖音 19
有標・無標 7
ユニット 170
容器のメタファー 185
要素主義 177
用法依存モデル 167

与格移動現象 141

ら・わ 行

ランドマーク 174, 180, 199
リズム 23, 34–38, 168
リズム規則 37
離接的な要素 101
理想認知モデル 182
流音 17, 19, 21
両唇音 11
両唇閉鎖音 18
類型論 23
類似性 183
類同の要因 177
ルビンの盃 179
例外的格表示 85
レキシコン 4, 45, 48, 52, 57
連想 167, 171, 186
論理形式 (LF) 58, 59, 111, 144, 145, 149, 152, 157
わたり音 19

A〜θ

A 位置 93
A 移動 93, 94, 96, 99, 102
A の上の A 原則 102
A′ 位置 93
A′ 移動 93, 94, 96, 99, 102
action chain 175, 195, 207
active zone: az 212
Agent 197
AP 76
automatization 170
Coda 12, 15
Chomsky, Noam 100, 184
come to a stop 134
CP 72
D 構造 75, 77, 79, 92
ECM 構文 85, 86
end weight 31, 33
entrenchment 170

Figure 177, 178
Figure-Ground 反転図形 178
Fillmore 182
Gestalt 177
Ground（地） 177, 178
Gruber の意味論 112
habit formation 170
I 70
Idealized Cognitive Model: ICM 183, 207
IP 70, 75, 80
Labov 190
Lakoff 182
landmark: lm 180
Langacker 167, 169, 170, 172, 193, 201, 207
Language Acquisition Device 5
Latin Stress Rule 26
Lexicon 4
LF 144, 145, 147–50, 152, 157
make one's way 136
minimal pair 22
Minsky 182
Mover 197
NP 65, 66, 76, 78, 81
Object-to-Subject Raising 209
Onset 12, 15
OSR タイプ 209
partial compositionality 171
Patient 197
PF 144
PP 65, 66, 76
profile 175
QR 146, 150–52, 157
reference points 180
routinization 170
S 65
S 構造 75
SD 205
SOR タイプ 208
SSR タイプ 208, 209
Subject-to-Object Raising 208
Subject-to-Subject Raising 209
There 構文 131
trajectory: tr 180
Universal Grammar 5
usage-based model 167
v 77
VP 64, 65, 67, 75–77, 81
vp 77
VP 重囲 77, 78
VP 重囲構造 86
VP 内主語仮説 75, 76, 83, 158
VP 付加構造 97
WH 移動 92
WH 疑問文 148
wh 句 73
Wittgenstein 191
X 67
X′ 71
yes-no 疑問文 40
θ 役割 68, 69, 75

〈著者紹介〉

原口庄輔(はらぐち　しょうすけ)　1943年全羅南道霊巌郡生まれ．マサチューセッツ工科大学博士課程修了(Ph.D. 取得)．筑波大学名誉教授．著書: *The Tone Pattern of Japanese: An Autosegmental Theory of Tonology* (開拓社，1977)，*A Theory of Stress and Accent* (Foris, 1991)，『プラス思考のすすめ』(善文社，1993) など．2012年没．

中島平三(なかじま　へいぞう)　1946年東京生まれ．東京都立大学修士課程，アリゾナ大学博士課程修了．Ph.D.(言語学)．現在，学習院大学文学部教授．著書: 『発見の興奮』(大修館書店)，『ファンダメンタル英語学』(ひつじ書房)，『生成文法』(岩波書店，共著)，*Locality and Syntactic Structures* (開拓社) など．

中村　捷(なかむら　まさる)　1945年島根県生まれ．東北大学大学院文学研究科博士課程修了．博士(文学)．東北大学名誉教授．著書: 『形容詞』(「現代の英文法」7，共著，研究社，1976)，『意味論』(「英語学大系」5，共著，大修館書店，1983)，『束縛関係──代用表現と移動』(ひつじ書房，1996) など．

河上誓作(かわかみ　せいさく)　1940年生まれ．高知県出身．大阪大学大学院文学研究科修士課程修了．文学博士(大阪大学 1979)．Iowa大学，Harvard大学，UCB他で研究．大阪大学名誉教授．著書: 『文の意味に関する基礎的研究』(大阪大学文学部紀要24，モノグラフ，1984) など．

英語学モノグラフシリーズ 1
ことばの仕組みを探る

2000年11月30日　初版発行　　2016年3月4日　6刷発行

編著者　原口庄輔・中島平三
　　　　中村　捷・河上誓作
発行者　関戸雅男
印刷所　研究社印刷株式会社

KENKYUSHA
〈検印省略〉

発行所　株式会社　研究社
http://www.kenkyusha.co.jp

〒102-8651
東京都千代田区富士見2-11-3
電話　(編集) 03(3288)7711(代)
　　　(営業) 03(3288)7777(代)
振替　00150-9-26710

ISBN 978-4-327-25701-9　C3380　　Printed in Japan